NIKKEI BP CLASSICS　日経BP

DENATIONALISATION OF MONEY

THE ARGUMENT REFINED

貨幣発行自由化論 改訂版

AN ANALYSIS OF THE THEORY AND PRACTICE OF CONCURRENT CURRENCIES

競争通貨の理論と実行に関する分析

Friedrich Hayek

フリードリヒ・ハイエク

村井 章子［訳］

フリードリヒ・ハイエク

Denatio[...]
by F.A. [...]
Firs[...] pub[...]
Econom[...]

[...]stitute of
[...]976

荒れた病を治すのは
荒療治に限る。
さもなくば、治らぬ。

――ウィリアム・シェークスピア
『ハムレット』四幕三場

目次

貨幣発行自由化論　改訂版　競争通貨の理論と実行に関する分析

初版の序文

ホバート・ペーパーは、官民の事業への経済理論や学説の応用をめざす独立性・信頼性の高い研究に寄与する目的で創刊された。本誌がとくに関心を抱くテーマは、消費者の選好に応えるべく稀少資源を最適活用すること、またそれをできる限り市場で、ただし政府などが定めた適切な法的・制度的枠組みの中で実現することである。

経済学者は一八世紀の古典派経済学の時代からずっと、政府が果たすべき重要な役割の一つは貨幣制度を構築し貨幣を発行することだと信じてきた。* だから彼らが議論するのは、政府がこの役割をうまく果たしているかとか、通貨供給に関する政府の権限を拡大または縮小する

＊ハイエク教授は第二版で、貨幣発行はアダム・スミスが国家の仕事としたものには含まれていないと指摘している。

にはどうすべきか、といったことにとどまる。貨幣政策は政府の責任であり、どの国も固有の名称と単位を持つ貨幣制度を持つべきだということは大前提になっていた。

この前提に疑問を投げかけたのが、F・A・ハイエク教授である。教授はさらに踏み込んで、伝統的な前提からの「いくらか衝撃的な」離脱を提案する。こちらは一九七六年二月に発表された「通貨の選択」（オケージョナル・ペーパー四八号）で言及されている。

このようにテーマをかんたんに説明しただけでも、貨幣の性質とその管理に関して本書が幅広い読者層に深い知見を示すことがうかがわれよう。研究者には刺激を、政治家には指針を与えるにちがいない。なにしろハイエク教授は、貨幣と他の商品との間に何もちがいはない、政府の独占に委ねるよりも民間発行者の間で競争して供給するほうがよい、と述べているのである。教授はアダム・スミスの古典派経済学の伝統のみならず二〇世紀の研究文献も参照したうえで、貨幣といえども、善意より自己利益に頼るほうがよい結果を生むという原則の例外ではない、と主張する。

ハイエク教授は通貨間競争のメリットとして、貨幣供給を恣意的に増やす権限を政府から取り上げることのほかに、貨幣価値の不安定な変動を防ぐうえでも、また政府の歳出膨張を防ぐうえでも非常に効果的であることを挙げる。政府による貨幣発行の独占は、過去一世紀の

「景気循環」を通じて貨幣価値のひんぱんな変動を招き、一九七〇年代には深刻な問題となった。

本書で展開される議論は抽象的な性格にならざるを得ず、読者の注意力を必要とするが、中心的なテーマは明快至極である。政府はよい貨幣を供給することに失敗してきたし、失敗するに決まっているのだし、これからも失敗するだろう、ということだ。政府による貨幣管理が避けられないのであれば、金本位制の採用が他の方法よりはましだとハイエク教授は考えている。だが教授はあくまで、金本位制も通貨間の競争ほどには信頼できないと主張する。競争通貨の価値は、程度の差こそあれ安定する。なぜなら、発行者には供給量を制限する誘因が強く働くからだ。さもないと、彼らの通貨発行事業は失敗に帰することになる。

競争通貨という発想は、オーストリア学派の思想の系譜に位置づけられる。オーストリア学派は、ライオネル・ロビンズ教授が一九三一年にハイエク教授をロンドン・スクール・オブ・エコノミクスに招聘したことをきっかけに、イギリスでも広く知られるようになった。両教授は、カール・メンガー、フリードリヒ・フォン・ヴィーゼル、オイゲン・フォン・ベーム＝バヴェルク、ルートヴィヒ・フォン・ミーゼスの研究をイギリスの学生や教授たちに紹介すべく尽力した。ところがその後長らくオーストリア学派は忘れられてしまい、話題に上るようになったのはここ一、二年のことである。オーストリア学派に新たに興味を持ち始めたのはアメリカの経済学者たちだ。続いてイギリスでも若手経済学者の間で関心が高まっている。ハイエク教授は、ホバート・ペーパー・スペシャルとして発行される本書で先人の著作にも言及しており、オーストリア学派への関心を一段と喚起することだろう。

経済問題研究所（IEA）では論文を編集する際に傍点を振ることはめったにないが、経済学に不慣れな読者が議論の展開を理解しやすいようにとの配慮から、本書では必要に応じて振ってある。

一九二九〜三二年の大恐慌の引き金を引いたのは戦前の貨幣政策の失敗であるとされ、政府による戦後の「貨幣管理（または管理失敗）」が始まってから、現時点でおよそ三分の一世紀が経過した。しかし国際的な管理はほとんど機能せず、経済学者たちは政府による貨幣管理を打ち切る方法を模索し始めている。このタイミングで本書は世に出ることになった。ホバート・ペーパー六九号「金か紙か？」では、E・ビクター・モルガン教授とモルガン夫人が戦後の貨幣管理の崩壊を検証し、金本位制の復活を唱える説に検討を加えている。その数カ月前にはタイムズ紙の経済主幹ピーター・ジェイ氏が、通貨委員会の設置を提案した。*どちらの取り組みにも、貨幣供給に関する政治家の権限を縮小または排除する意志が表れており、若手経済学者の目にも、次世代の金融、商業、工業、教育関係者の目にも、戦後経済思想からの過激な逸脱と映ったことだろう。貨幣供給を他の商品やサービスと同じく市場に委ねるというハイエク教授の提案は、さらに革命的だ。教授は、貨幣管理を政府の善意に依存するという過去五〇年におよぶ試みは失敗したと指摘し、頼りになるのは貨幣発行者の自己利益だと主張する。安定していて信頼できる通貨だと利用者が判断しなければ、通貨発行事業は立ち行かなくなるからだ。本書を始め、「貨幣を政治家から取り上げる」方法を論じた他の経済学者の著作は、経済学者にもそうでない人々にも等しく刺激を与え、文明社会が存続するためには貨幣発行の独占が必要だという大原則の見直しを促すにちがいない。

ＩＥＡは出版に要する期間が短いことで知られており、通常は原稿を受け取ってから出版までほんの数週間しかかからない。今回は、ハイエク教授がオーストリアからスコットランドへ、さらにロンドンへと移ったため、編集、出稿、校正にいつもより時間がかかった。それでも、ホバート・ペーパーの一般的な論文の倍の長さだったにもかかわらず、七月初めから編集を開始して九月末には出版することができた。みごとな手腕でこのスケジュールをこなしてく

＊一九七六年四月一五日付タイムズ紙。

れたマイケル・ソリーと、正確で仕事の速い印刷所ゴラン・プロプリントに感謝する。
　規約により、当研究所の理事、役員、顧問は出版物の著者の立論や結論とは無関係であることを要求される。それでも経済問題研究所としては、ハイエク教授によるこの短い最新の著作を、世界に冠たる思想家の一人が既存の前提に改めて考察を加えた重要な作品として世に送り出すものである。

一九七六年八月

アーサー・セルドン

第二版（加筆訂正版）の序文

第二版（加筆訂正版）でハイエク教授は議論をより精緻によりゆたかにするため、多くの、ときに長い加筆を行った。加筆は初版の三分の一から五分の二にもおよぶ（加筆された箇所の始まりに★印を、終わりに★★印をつけておいた。このほかにも、文章、語句、単語の推敲や脚注の追加が行われている）。

こうした次第で、貨幣供給の国家管理を廃止し市場における民間発行者の競争に委ねるという革命的な提案に関する詳細な論文を改めて世に問う運びとなった。

この提案の実現性をイギリスの銀行制度において権威ある人物に訊ねたところ、「明日の先には」という礼儀正しいが自己満足的な答が返って来たものである。学者の新しい発想に対して実務家がこのような反応をするのは、けっしてめずらしいことではない。新しい考えは、日々の現実に直面しなければならない頭の固い人たちから、机上の空論だと片付けられやすい。実務家は「日々の問題」に近すぎるため、困難や障害しか目に入らず、失敗や不具合の根本原因を見落としがちだ。格言にも「木を見て森を見ず」とある。

根本的に何かを変えるには、うまくいかないとわかった方法や政策の多少の手直しでは済まず、大胆な改革によってしか実現しないことがままある。改革が遅れれば遅れるほど、いざ改革をするときの困難は大きい。沼に沈みそうになったら、小幅の一歩では助からない。長い跳躍が必要だ。

問題は、ハイエク教授の診断が正しいのかどうか、ということだ。教授は、貨幣発行の国家管理は信頼できる決済手段の供給にほとんど成功していない、それどころか、貨幣価値の不安定化や数世紀におよぶインフレの原因を作ってきたと主張する。この診断が正しいなら、貨幣管理の国家独占を多少いじくり回すだけでは、この制度の不具合や危険は取り除けないことになる。

とりわけ銀行家は、第二版を真摯に研究してほしい。イギリスでも、また他国でも、銀行が政府つまりは政治家の影響から逃れられない状況では、とくにそう言える。第二版の加筆は、経済学を教える者、学ぶ者にとって、すなわち急場しのぎの策よりも根本的な真理を重んじる者にとって、きわめて大きな価値があろう。

一九七七年一二月

アーサー・セルドン

著者による序文

世界のどの国でも、君主や政府は強欲と不正でもって国民の信頼を裏切り、硬貨に当初含まれていた金属の量を徐々に減らしてきたのだと考えている。

――アダム・スミス、『国富論』第一篇第四章

インフレを食い止めるという技術的にはきわめて単純な問題に対して、政治的に実行可能な解決が見つかりそうもないことに絶望した私は、一年前に行った講演で、いささか驚くべき提案をした。*その提案をさらに掘り下げたところ、思いがけず新たな展開が見えてきたため、一段と追求したい気持ちを抑えることができなかった。というのも、インフレ阻止という任務はた

いへん重要だと常々考えていたからである。大幅なインフレが損失や苦痛をもたらすことは言うまでもないが、ゆるやかなインフレでさえ、いずれは繰り返し不況と失業を引き起こすことになる、と私は確信している。そして自由企業体制に対する不満を正当化してきたのは不況と失業にほかならないのであるから、自由社会が存続するためには、これらを防がなければならない。

政府から貨幣発行の独占権を取り上げるという提案をさらに追求すると、たいへん魅力的な理論展開が見えてきて、これまで考えられたことのないしくみの可能性が示された。どの国もその国固有の貨幣を政府から供給されるべきだというある種の信仰が暗黙のうちに広く受け入れられてきたが、その呪縛から解き放たれれば、これまで吟味の対象にもならなかった興味深い疑問が次々に湧き上ってくる。その結果、私は未踏の地へと足を踏み入れることになった。この小論は、この未踏の地での最初の探索で発見したことをいくつか提示するに過ぎない。複雑きわまる新しい問題をすこしかじっただけで、複数の通貨が競争する場合に起こりうる問題すべての解決にはほど遠いことは重々承知している。それどころか、答を知らないたくさんの問いをこれから発しなければならない。しかも、複数通貨の競争という新しい状況を分析した結果として生じる理論上の問題も、この小論では論じきれない。これからすべきことはまだま

だ多い。とはいえ、この基本的なアイデアは他の研究者の想像力を刺激し、この問題に取り組む若手が早くも登場している。＊＊

現段階での主な結論を述べておこう。市場は周期的不況や失業をひんぱんに引き起こしがちであり、これが重大な欠陥であるとして当然ながら批判の対象となってきた。しかしこの市場秩序の欠陥は、長年にわたり政府が貨幣発行を独占してきたことの帰結なのである。政府から禁じられてさえいなければ、民間企業はとっくに市民に通貨の選択肢を与えることができたはずだし、そうしていたにちがいない。また競争を通じて優位を獲得した通貨は本質的に価値が安定しており、過剰投資とその後の投資縮小を防げるはずだ——私はいま確信を持ってそう断言する。

貨幣発行の自由を要求すると言うと、多くの人は最初眉をひそめるだろう。それももっともである。なにしろ過去には、インフレすなわち貨幣の減価をよしとする偏物《へんぶつ》たちが何度も同様の要求をしてきたからだ。一九世紀前半の「フリーバンキング」論者の大半（および銀行学派の多く）から、二〇世紀の「自由貨幣」の提唱者たち、たとえばシルビオ・ゲゼル［22］、

＊［31］を参照されたい。カッコ内の番号は、巻末の参考文献に振られた番号を表す。

＊＊［35］、［59］、［60］を参照されたい。

クリフォード・ダグラス［13］、H・リッタースハウゼン［51］、ヘンリー・メーレン［44］にいたるまで、彼らはみな貨幣の自由発行論をさかんに論じた。というのもいっそう多くの貨幣を欲しがっていたからだ。彼らの主張の根底にあったのは、政府の独占は企業活動の自由の原則と矛盾するのではないか、という疑問である。とはいえ貨幣発行の自由を要求した人々は、一人の例外もなく、政府の独占は貨幣の過剰供給ではなく不当な制限につながると信じ込んでいた。じつは政府がいかなる民間企業よりもひんぱんに、ゲゼルの推奨する「減価する貨幣」を供給してきたという事実を認識していなかったにちがいない。

なおこの問題を論じるにあたっては、事実上経験のない状況について何か意味のある提言をすることが可能なのかという、興味深い方法論的な疑問が想起されよう。この疑問は、経済理論全般の方法論に光を投げかける点でも興味深いが、本題から逸れないようにするため、ここでは立ち入らないことにする。

最後に、この小論を書き上げることは非常に重要で急を要し、数年来全精力を傾けてきた大著の執筆をしばし中断するに値すると考えたことを付け加えておきたい。この大著を完成させるには、なお結びの第三巻を書き上げなければならない。*こうした事情であるから、原稿を書き上げた後、労力と時間を要する推敲の仕事は、日頃の習慣に反してIEA編集・出版担当理事のアーサー・セルドン氏のお力に頼ることにした。じつはこれまでにもＩＥＡから出版された私の小論の一部は、セルドン氏のこまやかな気配りのおかげではるかに読みやすいものになっている。今回も氏はこの仕事を快く引き受け、さらに小見出しや巻末の「議論のテーマ」リストを加えてくれた。また表題は『共存通貨』とするつもりだったが、理事長のラルフ・ハリス氏の助言ではるかによいものになった。この小論が出版の運びとなったことについて、お二人に深く感謝する。お二人の力がなければ、長いこと日の目を見ずに終わっただろう。私には『法と立法と自由』の読者に対する責任があり、このすこぶる特殊な問題に時間をとられて同書の完成を遅らせるわけにはいかない。したがって、お二人がいなければ、貨幣発行の自由に関する議論の論点をざっと書き留める以上のことはできなかったと思われる。

この小論の主題と密接に関連する論文を書いた多くの友人たちに、この場を借りてお詫びしたい。彼らはすでに気づいていると思うが、ここ数年まったくちがう問題に没頭している間、友人たちの研究成果を読むことを怠っていた。もし読んでいれば多くのことを教えられ、執筆

＊『法と立法と自由』の第一巻「ルールと秩序」は一九七三年に出版された。第二巻「社会正義の幻想」は、この小論とほぼ同時に出版予定となっている。第三巻「自由人の政治的秩序」は完成に近づいており、一九七八年には出版したいと思っている。

に役立てることができただろう。

ザルツブルクにて、一九七六年六月三〇日

F・A・ハイエク

第二版への注記

この小論を書き始めてからわずか一三カ月、初版の出版から六カ月少々しか過ぎていない。この点を勘案すれば、第二版で加筆しておきたいと感じた箇所が、これまでに受け取った批判に応えるものではなく、提起した問題をさらに追究した結果であると言っても、理解していただけると思う。実際にもこれまでの批評を見る限り、私の主張に対する反論よりは疑いと驚きのほうが多かった。

こうしたわけだから、第二版での追加は、本来は初版でもっと明確にしておくべきだった論点に関するものである。ただし第24章については、深く掘り下げて考えるうちに、私の提案する改革が採用された場合に、すでに述べたこととはちがう展開になるのではないかと思えてきた。通貨の競争には性格の異なる二つの種類があり、両者を明確に区別することがきわめて重要だと考えるようになったのである。第一は、一つまたはごく少数の通貨価値基準が広く受け入れられて、よく似た通貨の競争になることだ。第二は、それぞれ固有の名称と単位を持つ通貨の競争である。そこで、当初は予想できなかったが、いまでは起こりうると考えられる重大な結果の一つを概説することにした。第24章のやや長い加筆がそれである。

主張をより明確にするための文章の手直しは、ごくわずかにとどめた。冒頭部分はやや控えめに始め、途中からは読者を引き込むために次第に確信に満ちた論調になるという変化もそのままにしてある。初版の発表後にさらに思索を重ねた結果、提案した抜本的な改革が望ましくかつ実行可能であるという確信は、これまでのところ強まるばかりである。

第二版の原稿を仕上げた後で開かれたモンペルラン協会の会議では、ここで取り上げた問題に関するいくつかの重要な論文が発表された。しかし会議後に長期の旅行に出発しなければならなかったため、それらを本論に反映させることはできなかった。とくにW・エンゲルス、D・L・ケメラー、W・シュタツル、R・ファウベル諸氏の論文は遠からず出版されると期待している。なおミルトン・フリードマンの批評にはすぐに対応する必要があると思われたので、最後の段階で回答を書き加えておいた。

他の問題に没頭していたため、この小論の主題に対して本来向けるべき注意を十分に捧げられなかったことはすでに述べたとおりだが、その際に言い足りなかったことをここに記しておきたい。それは、長年にわたり研究を重ねた末に、いまの制度構造のままでは望ましい貨幣制度がけっして実現できまいと絶望するにいたったということだ。そこで、貨幣理論がまだ主要関心事の一つだった初期の研究にとどまらず、いまでは政治秩序の研究、とくに民主的議会を背景に無制限の権力を持つ政府の影響に関する研究に力を入れている。

思うに経済理論家や政治思想家の主な仕事は、今日政治的に不可能と思われることを明日政治的に可能にすべく世論に働きかけることではないだろうか。となれば、私の提案が現在実行不能だと反論されても、このアイデアをさらに発展させる意欲はけっして削がれることはない。このことは、口にする機会はたびたびあったけれども一度も書き記したことはなかったが、ここで書き添えておくべきだろう。

最後に、第二版の原稿を読み返してみて、読者には最初にこう伝えておくべきだと感じる。貨幣に関する限り、私は何も政府に禁じようとは思っていない、ただ他の組織がもっとうまくできることを邪魔するのはやめなさい、とだけ言いたいのである。

フライブルク・イム・ブライスガウにて、

F・A・ハイエク

第三版の序文

ハイエク教授によるこのホバート・ペーパーの論旨は、物価水準の安定を実現するためには政府から貨幣発行の独占権を取り上げるほかに方法はない、というものである。教授の論文が発表される前の物価動向は、世界的に満足しがたいものであった（たとえばイギリスでは、生活費が過去四半世紀で五〇〇%上昇した）。ところが教授の論文が現実的な影響を与えたようには見えない。相変わらず、政府の独占をどう終わらせるかということではなく、独占をいかにうまくやるかという議論が続けられている。通貨間の競争を導入するアイデアがまったく論題に上らないのは、「政治的に不可能」と片付けられたからだ。

ハイエクが第14章で指摘するとおり、「政治的に不可能」という反論は経済学者にとっては意味がない。

「政治的に現在必要かどうかは、科学者たる経済学者の関心事とすべきではない。私はこれからも何度でも言うつもりだが、経済学者の仕事は、今日政治的には不可能と見えることを政治的に可能にすることであるはずだ。現時点で何が可能かを決めるのは政治家の仕事であって、経済学者の仕事ではない」

幸いにも、こう考えていたのはハイエクだけではない。他の研究者もハイエクに続いて、貨幣発行が政府に独占されていなかったケースを分析している。ローレンス・ホワイトの研究（一九八四年）は、貨幣発行が競争的に行われたスコットランドの制度に注目した。これは、かのアダム・スミスが称賛した制度である。ユージン・ホワイトの研究（一九九〇年）は貨幣発行に競争が出現したフランス革命期を、ヒュー・ロックオフの研究（一九九〇年）はアメリカで行われた競争的な為替発行を取り上げている。どの事例でも貨幣として完璧な成果を上げたわけではないし、またいずれも最近のことではない。だがどのケースでも、政府が独占的に発行する場合に比べれば貨幣価値は安定していた。またどの事例でも、インセンティブが重要な役割を果たすことが明らかにされ、この意味で時代とは無関係であることも判明した。ホバート・ペーパーで示されたハイエクの分析に、実証的な裏付けが得られたのである。

同時に、実務家たちは現在の貨幣制度をよりよいものにするために何ができるかを考え始めた。数年前であれば、イギリスの財務大臣がイングランド銀行を財務省の管轄から外すことを提案するなど、誰も考えもしなかっただろう。だがナイジェル・ローソンが財務大臣に就任すると、まさにそれを提案する。当然ながらこの問題に対する関心が高まった。ハイエクの論文が世に出てから、物価のコントロールはけっしてうまくいっていない。一九七八〜九〇年にイギリスの生活費は二三〇%も上昇した。しかもインフレは、イギリスが深刻な不況に陥っている中で起きている。

これはイギリスだけの現象ではなかった。ドイツでは同時期に物価が一三八%上昇し、スイスでは一四三%、アメリカでは一九〇%上昇している。どれもイギリスに比べればましだが、ミルトン・フリードマンが一九六二年に主張したとおり、中央銀行が独立性を獲得したからといって、金融運営をうまくやれるという保証はない。ではどうすればいいのか、何ができるのか。

このほどニュージーランド政府はインセンティブが重要だと認め、中央銀行幹部の報酬を物価の安定とリンクさせた。チャールズ・グッドハートは近く発表する論文（一九九一年）の中で、イングランド銀行もそうするよう提案するという。

目的を実現するためにインセンティブを設けるということの努力はするだけの価値があるの

だろうか。そもそも目的自体に十分な価値があるのだろうか。またあるとして、ほかにやり方はないのだろうか。ハイエクは本書で、インフレがなぜこれほど重大でこれほど有害かをきわめて明快に解き明かす。インフレは言うまでもなく借り手と貸し手の間で再分配を行うが、そのやり方は恣意的だ。しかも非効率である。なぜなら、資本市場の機能を阻害するからだ。だがインフレが引き起こす問題は、それだけにとどまらない。将来の物価予測を困難にし、現在の物価動向を読み取りにくくすることによって、経済全体に悪影響をおよぼす。

本書の第13章にハイエクはこう書いている。

「貨幣価値がうまく調整され、価格の適切な平均が一定であるなら……特定品目の将来価格の予測不能性（これは市場経済においては避けられないものだ）がなお残るとしても、一般の人々に予見できない価格変動の影響は、長期的にはかなりの確率で打ち消されるはずである」

これに対してインフレ下では次のようになるとハイエクは述べる。

「個々の企業は……既知の中央値（そこからの個別価格の動きが上振れ下振れいずれも同程度になるとされる数値）に基づく計算や意思決定ができなくなる。正確な計算をすることも、資本や費用の会計を有効に行うことも不可能になる」

そのうえ「相対価格構造における一時的な変化」も起きるために「生産の方向性を誤らせ

る」という問題も生じる、とハイエクは強調する。

こうした歪みや、インフレ抑制のために政府がときおり講じる策によって生じる不安定性こそが、資本主義経済を特徴付ける大量失業が繰り返し起きる原因だ、とハイエクは主張する。貨幣価値が安定することのメリットは、単に物価水準の安定にとどまらないのである。

ではどのようにして貨幣価値の安定を実現するのか。ミルトン・フリードマンは、そして近年では他の多くの研究者も、貨幣供給にルールを設けること、可能であれば「貨幣の憲法」といったものにそのルールを組み込み、貨幣供給の増加ペースを一定かつ予測可能にすることを掲唱している。* そうしたルールがあれば、貨幣管理の重大な失敗がなくなることは疑いの余地がない。だがなぜ貨幣供給当局を規制する必要があるのか。ここに、競争の出番がある。産業の規制は、政府、規制当局、ルールのいずれによる規制であれ、競争によってその産業を規制できない場合以外には擁護できない。望みうる最善の結果をもたらすのは、多くの場合、競争である。ではなぜ貨幣供給にも競争を導入しないのか。これが、本書で提起される疑問である。そして答は、貨幣供給における競争は、他の経済活動における競争と同じく望ましい結果

*アンナ・シュウォーツとの共同論文（一九八六年）でミルトン・フリードマンがハイエク教授の意見に近づいていることは注目に値する。

をもたらす、というものだ。

ハイエク教授によるこのホバート・ペーパーの再版は、きわめて時宜にかなっている。というのも第一に、インフレ率が再び上昇しているからだ。そして第二には、貨幣供給に大規模な競争を導入する機会が現に存在するからである。欧州経済共同体（ＥＥＣ）の加盟国は、加盟国間の為替管理を相互に撤廃することを決めた。さらに進んで、為替レートを固定し、欧州統一通貨を導入するという提案も出ている。後者の提案が反対されたら、欧州域内で各国通貨を競争させるという方法がある。* ごく単純な措置を講じるだけで、貨幣発行の栄誉と利益（政府は貨幣発行益を手にしている）というインセンティブを活用して価値の安定した貨幣を発行できるようになるだろう。

「政治的に不可能」という位置づけだったハイエク教授の提案は、わずか一二年の間にわれわれの視野に入ってきた。そのことを深く胆に銘じるべきである。

一九九〇年一〇月

ジェフリー・Ｅ・ウッド、ロンドン大学シティ校経済学教授

＊ＥＥＣの枠内での通貨間競争のメリットはVaubel（1979）に示され、Wood（1989）で再確認されている。その後、ナイジェル・ローソンが財務相時代の一九八九年にＥＥＣ財務相会議に論文を提出し、競争の導入を訴えた。

第1章 具体的な提案

THE PRACTICAL PROPOSAL

近い将来のための具体的な提案を以下に掲げる。この提案は、より遠い将来の構想を検討する機会を提供するものとなろう。

「欧州共同市場（欧州経済共同体の別称）の加盟国は、領土全域において互いに自由な通貨建て（金貨を含む）で取引を行うことや、いずれかの領土内に合法的に設立された機関が自由に銀行業を営むことについて、これを阻害するいかなる障壁も設けてはならないものとし、正式な条約によってこのことを相互に義務づける。条約には共同市場加盟国のほかにヨーロッパの中立国も加わることが望ましく、いずれは北アメリカ各国の参加も考える」

この提案は、条約締約国の間ではいかなる為替管理も資金移動規制も行わないこと、また、契約および会計に使う通貨は完全に自由であることに加え、締約国内に立地するすべての銀行は、互いの領土内に既存行と同じ条件で支店を開設しうることも意味すると解釈されたい。

貨幣発行を自由化する

この提案の目的は、既存の金融当局が、他に比べて信頼性や利便性の大幅に劣る貨幣を期間の長短を問わず発行できないようにすること、それによって、現在強く求められている規律を当局に課すことにある。この新しい措置が周知徹底されれば、まっとうな通貨を供給するという正道から逸れた場合、ただちに他の通貨に取って代わられる可能性が出てくる。となればどの国も、自国通貨の価値を十分に安定させなければならない。現在では、各国当局は自国通貨の「保護」という名目で行う操作の影響をさまざまな方策を講じて一時的に隠蔽することができるが、そうしたこともはやできなくなる。

空想的な欧州統一通貨より実行可能性が高い

この提案は、ヨーロッパに新しい統一通貨を導入するという空想的な計画より好ましく、実行可能性も高いと考えられる。貨幣に関する限り、諸悪の根源は貨幣の発行・管理を政府が独占することであるが、統一通貨の導入はその悪弊を結局は一段と深刻化させるだけだ。それに、さきほど掲げた限定的な提案を採用する気がないなら、統一通貨を受け入れることはさらにむずかしいだろう。長年の特権的な独占発行権を政府からすっかり取り上げるという発想は、多くの人にとってあまりにも新奇でいかがわしいとさえ感じられるにちがいない。よって、近い将来に採用される可能性はまずあるまい。それでも、すくなくとも各国政府の発行する通貨が広く利用者の支持を求めて競争することがまず認められるなら、多くの人がそのメリットを理解できるのではないだろうか。

国境を越えた資金移動を全面的に自由化して西ヨーロッパの完全な経済統合を実現したい、という願いには強く共感する。しかしその手段として新たに統一通貨を創設し、それを何らかの超国家機関によって管理するという案が果たして望ましいのか、深い疑念を禁じ得ない。実際問題として、その超国家機関が実行しようとする政策に加盟国が合意する可能性がきわめて低いこと（そして一部の国は不可避的に現在の自国通貨より質の劣った通貨を押しつけられること）はさて措くとしても、たとえ望みうる最善の状況であっても、統一通貨が各国の既存通貨よりうまく運用されるとはとても思えない。しかも単一の統一通貨は、既存通貨よりよほどうまく運営されない限り、既存通貨よりすぐれているどころか劣るものとなる。国民の金融理解度が高い国は、他国の決定を左右する無知な偏見から免れるチャンスさえなくなってしまうからだ。国際機関の利点は、加盟国を他国の有害な措置から守ることにあるはずで、他国の愚行に従うよう加盟国に強制することではあるまい。

銀行業を自由化する

提案の意図を実現するためには、貨幣発行の自由化をさらに進めて銀行業を自由化することが必要となる。理由の第一は、改めて言うまでもなく銀行の当座預金はある意味で民間発行の貨幣であり、一般に通用する交換手段の一部を形成しているからだ。いや実際には、大半の国で交換手段の大部分を占めている。理由の第二は、銀行信用という上部構造の拡大・収縮が現在国ごとに行われており、そのことが貨幣管理を国家が行う主な口実になっているからである。

私の提案が採用された場合の結果について、ここでは次のことだけを付け加えておきたい。国家の金融当局が権限を握っている限りにおいて、目の前の困難から一時的に逃れるための政策が政治的な必要上からたびたび実行されることになる。そうした政策は例外なく有害で、国家の長期的な利益に反する。たとえば、特定団体や特定産業の不満に応じるなどは政府がすぐさま容易にできることだが、長期的には市場の秩序を混乱させ、いずれは破壊することになる。

そのような政策の実行を阻止することが、私の提案の意図するところなのである。

政府が貨幣価値の下落を隠蔽できないようにする

本書の提案の主なメリットを別の言葉で言えば、政府が自らの政策の悪しき結果から自国の貨幣を「保護」できないようにし、したがって悪しき手段をこれ以上行使できないようにできることにある。政府は貨幣価値の下落を隠蔽できなくなり、国内で有効活用されない資金や資本その他の資源の国外流出を阻止できなくなり、物価の統制もできなくなるはずだ。政府がこれまで使ってきた悪しき手段が欧州共同市場を破壊しかねないことは改めて言うまでもない。この提案のほうが、共同市場のすべての要件を統一通貨よりよく満たすと考えられる。それに、新たな国際機関を設立したり、超国家機関に新たに権限を付与するといった必要もない。

この提案が意図するのは、金融当局が悪しき行動をとった場合にのみ、その発行通貨が駆逐されることである。その場合でも即座に行動を改めるなら、全面的な駆逐は回避できるだろう。貿易と観光が活発な小国では、大国の通貨が圧倒的に流通するようになる可能性は否定できない。しかし既存通貨の大半は、賢明な政策が講じられる限りにおいて、長期にわたって使われなくなると考えるべき理由はない（とは言え、当事国同士が暗黙の協定を結び、他国民が使いたがるような良貨は供給しない、などと取り決めないようにすることが肝心である。また、自国民が使いたがらないような貨幣を発行する政府は、当然ながらつねに推定有罪とすべきだ)。

この提案が採用された場合でも、政府が健全な経済運営のためにとるべきいかなる行動も妨げることはないし、むしろ長期的には重要な集団すべてに利益をもたらすものと考えている。そうは言ってもいろいろと複雑な問題を提起することはまちがいない。そうした問題は、まず基礎的な原理をくわしく説明したうえで検討するほうがよかろう。

第2章 基礎的な原理の説明

THE GENERALISATION OF THE UNDERLYING PRINCIPLE

複数の競争通貨を一定地域内で同時に使用する案について、近い将来の実施を真剣に考えるのであれば、この提案の基礎となっている原理を全面的に適用した場合の結果をまず検討しておくことが望ましい。一国の領土において政府が発行する単一通貨のみを使う制度を廃止し、他国の政府が発行する通貨の使用も同一条件下で認めることにすると、ただちに湧いてくる疑問がある。ならば、政府が独占的に貨幣を発行すること自体を完全に廃止し、人々に選ばれるような他の交換手段を民間企業が供給できるようにすることも、同じく好ましいのではないか、という疑問である。

このような大改革が提起するさまざまな問題は、現時点では、第1章に掲げた具体的な提案に比べると、理論的な性格のものが圧倒的に多い。この遠大な構想は一般の人々にとってあまりに奇想天外で、いますぐ実行に移すことなど想像もできないだろう。いや専門家でさえほとんど理解しておらず、したがって実現したら正確にどんなことが起きるのか、自信をもって予想することは誰にもできまい。それでも、現在無批判に広く受け入れられている政府の独占的貨幣発行が、不必要かつ何の利点もないという可能性は大いにあり得る。それどころか有害であり、廃止すれば多くの利益をもたらすことが証明されるはずだ。そうなれば、将来有望な展開への道が開かれるだろう。したがって、議論は早く始めるほどよい。一般の人々がこのような大改革に心の準備ができておらず、政府による貨幣発行の独占が必要だというドグマを無批判に受け入れている限り、私の提案が実行に移される可能性はまったくないと言わざるを得ない。だからと言って、この大改革が提起する興味深い理論問題の知的探究を怠ってよいことにはなるまい。

通貨間の競争は経済学者の議論の対象になっていない

通貨の競争というアイデアがごく最近までまじめに議論されたことがないというのは、驚くべき事実である。* 貨幣発行の政府独占は、なぜ必須だと広く一般に考えられているのだろうか。

この信念は、一国の領土内では一種類の貨幣しか流通してはならないとする未検証の前提に由来するのだろうか（たしかに、貨幣として流通しうるのは金と銀のみだとまじめに考えられていた時代には、この前提はあきらかに好都合だっただろう）。貨幣発行における政府独占が廃止され、民間発行者の自由競争に委ねられてさまざまな通貨が供給されるようになったら、何が起きるだろうか。こうした疑問に対する答は、入手しうる限りの文献には載っていない。民間企業に通貨発行を認めると言うと、大方の人は同一通貨の発行を許可するのだと思うらしい（政府発行貨幣の場合、これは言うまでもなく偽造である）。よもや、名称や単位のちがいによってはっきり識別できるような異なる種類の通貨の発行を許可し、一般の人々が自由に選べるようにするのだとは想像もできないのだろう。

政府独占にも当初はメリットがあった

貨幣経済が遠隔地に普及するスピードが非常に遅く、しかもお金の計算を人々に教えることが

＊とはいえ、このことを先に研究したのはベンジャミン・クライン教授であったことを認めなければならない。つい最近まで知らなかったのだが、クライン教授は一九七〇年に執筆し七五年に発表した論文［35］の中で、通貨間競争の主な利点を明確に説明している。私自身は教授とは別個にこの利点を気づくにいたった。

大問題の一つであった時代（これはそう遠い昔のことではない）には、わかりやすい単一の貨幣というものはずいぶんと便利だったにちがいない。また、品質が同じ単一の貨幣のみが使われる状況では、価格の比較は容易であり、それがひいては競争や市場の発展を促したとも言えそうだ。さらに金属貨幣の純度を確かめるには試金という面倒な分析を行わなければならず、一般の人にはその技術も設備もないという時代には、広く認められた権威ある機関の刻印によって貨幣の純度を保証することが強く要請されたと考えられる。その権威ある機関とは、大きな商業都市以外では、政府しかなかった。

こうした初期のメリットが、政府が金属貨幣発行の独占を正当化する理由の一つになっていたと考えられる。だが今日では、もはやメリットよりデメリットのほうがあきらかに大きい。現在の制度には、あらゆる独占につきものの欠点が見受けられる。人々は、たとえ満足できない製品であろうと、独占企業の製品を使わざるを得ない。それに何より、人々のニーズによりよく応える方法がいつまでたっても開発されない。というのも独占企業にはそんなことをするインセンティブが一切働かないからである。

日常の取引に使う貨幣が一種類しかなく、慣れ親しんだ貨幣以外のものを使う利点を折りにふれて考えなくてもよいのは、たしかに便利ではあるだろう。だがその便利さと引き換えに、周期的なインフレと不安定性によってどれほどの代償を強いられているかを人々が理解したら、おそらく代償が大きすぎると考えるにちがいない。そもそもいま挙げた利便性など、信頼できる貨幣、すなわち円滑な経済活動をたびたび乱すことのない貨幣を使えることに比べたら、取るに足らない。ところが政府の独占によって、人々はこの可能性から遮断されてきた。信頼できる貨幣を使うことのメリットを知る機会さえ与えられなかったのである。というのも政府がつねにひどく熱心に、貨幣発行権は政府にのみ帰属するのだと国民を説得してきたからだ。それに実際問題として、貨幣が金、銀、銅で鋳造される限りにおいては、貨幣発行権が誰に帰属するかは今日ほど重要ではなかった。だがいまでは他の種類の貨幣、とくに紙幣も存在しうることがわかっている。そして政府は、金属貨幣ほどには紙幣の扱いに適任ではないし、金属貨幣以上に紙幣発行の独占権を濫用しがちである。

第3章 貨幣発行における政府独占の起源

貨幣発行における政府の特権あるいは独占権は、二〇〇〇年以上にわたり、実際には金、銀、銅で貨幣を鋳造する権利にすぎなかった。この長い歳月の間に、この特権は君主の神聖なる力が呼び覚ます神秘の衣をまとい、支配者であることの基本的な属性として何の疑問もなく受け入れられるようになる。そうなったのは、おそらくリュディア王国のクロイソス王が世界初の貨幣を鋳造した紀元前六世紀よりもさらに昔、ただの金属棒に純度を証明する刻印が打刻されていた時代に遡ると考えられる。

いずれにせよ、支配者の貨幣鋳造特権は、ローマの皇帝たちの時代にしっかりと確立された。*近代の初めにフランスの経済学者ジャン・ボダンが統治権の概念を論じた際には、貨幣鋳造権をその最も重要且つ不可欠な構成要素としている。** 君主の特権（regalia）の中でも、貨幣鋳造、鉱物の採掘、関税の徴収は最も重要とされた。実際にこの三つは中世を通じて君主の主な収入源であり、もっぱらこの観点から重視されたのである。貨幣鋳造が普及するにつれて、その独占権が魅力的な収入源であると同時に権力の最も重要な源泉となることにどの国の統治者もすぐさま気づく。このように、この特権はそもそも公益に資するとして主張されたわけでもなければ、そのように受け入れられたわけでもない。ひたすら統治権を構成する基本的な要素としてのみ主張され、そのように受け入れられたのである。*** 金属貨幣は、国旗と同じく権力の重要な象徴として機能した。支配者はこれらを通じて自らの主権を主張するとともに、臣民に対し、誰が支配者であるかを教えた。貨幣はまさに、支配者の肖像を領土の辺境まで運ぶ役割を果たしたのである。

政府の仕事は金属の重量と純度の証明だった

政府が果たすものと了解されていた役割は、当初は貨幣を造ることではなく、貨幣として広く通用していた物質の重量と純度を証明することだった。**** その物質とは、ずっと昔から、金、銀、銅の三種類だけである。この仕事は、度量衡を確立し検定する仕事といくらか似していたと推測される。

金属でできた貨幣は、しかるべき権威ある機関の刻印を押されている場合のみ、正しい通貨とみなされた。その機関の仕事は、貨幣がその価値に相当する重量と純度を持っていると証明することだと考えられていた。

ところが中世になると、貨幣に価値を与えるのは政府の布告であるとの不合理な思い込みが広まる。現実の経験と齟齬を来すにもかかわらず、この貨幣価値国家決定説（valor impositus）はおおむね法原理に引き継がれている。*****君主は往々にして、貴金属を少ししか含ん

＊W. Endemann [15], Vol. II, p. 171.

＊＊J. Bodin [5], p. 176. ボダンは同時代の大方の人より貨幣について深く理解していた。彼は、大国の政府は無数の小国の君主や都市より責任感があると期待したにちがいない。なにしろ小国や都市は中世の後半に貨幣鋳造の特権を獲得し、ときには大国の富める君主以上にその特権を濫用したからである。

＊＊＊同じことが郵便事業の独占にも当てはまる。郵便事業が提供するサービスは、いたるところで質が低下しているように見受けられる。イギリスでは、郵便労働組合の書記長が「政府は、保守か革新かのいずれかを問わず、かつては偉大だったこの公共サービスを大衆演芸のレベルまで貶めた」と述べたとされる（一九七六年五月二五日付タイムズ紙）。政治的には放送の独占のほうが危険かもしれないが、経済的には貨幣発行以上に有害なものはなかろう。

＊＊＊＊アダム・スミスは「造幣局は、毛織物や亜麻布の検査官と同じ性格をもつ政府機関である」と述べている。Adam Smith [54], p. 40.（『国富論』第一篇第四章）

＊＊＊＊＊　W. Endemann [15], p. 172.

でいない貨幣に正しい貨幣と同一の価値を持たせようと無駄な試みをするものだが、この貨幣価値国家決定説はそうした行為の正当化にいくらか役立ったと言えよう（二〇世紀の初めにドイツのゲオルク・フリードリヒ・クナップ教授が中世のこの教義を復活させた。彼の『貨幣国定学説』は現代の法理論にもいくらか影響を与えているようである）*。

　民間企業が貨幣鋳造をもし許されていれば、良質であると同時にすくなくとも信頼できる貨幣を供給できただろう。この点を疑うべき理由はない。現に民間企業が鋳造したこともあったし、鋳造を政府から委託されたこともあった。そうは言っても、均質で判別可能な貨幣を供給することが技術的な困難を伴う限りにおいて、政府はすくなくとも役に立つ仕事をしていると言えた。ところが政府はすぐに、この仕事は役に立つだけでなく、ひどく儲かる仕事だと気づく。国民には政府が発行する貨幣を使う以外に選択肢がない限りにおいて、たしかにそうだった。通貨発行益《シニョリッジ》（seigniorage）がたいへん魅力的な収入源であることがわかると、すぐに貨幣鋳造の費用をはるかに上回る額に膨れ上がる。また政府は、新しい貨幣を鋳造するために金属を買い入れ、余れば備蓄するわけだが、そんなことをするよりも現在流通している貨幣を回収して溶かしてしまい、金や銀の含有量を減らして別の単位の貨幣に改鋳するほうがよいと考えるようになる。この慣行は中世を通じて広まっていった。このような貨幣の品位低下の影響については、次章で検討することにしたい。ともかくも、貨幣発行において政府の果たす役割が、含まれている貴金属の重量と純度の証明にとどまらず、貨幣の発行量を裁量的に決定するようになった瞬間に、政府はもはやこの仕事に適任とは言えなくなった。そして、どの国でも政府はのべつ信頼を悪用して国民を欺いてきたと断言できる。

紙幣の出現

政府の特権は、当初は貨幣の発行のみを意味した。というのも、当時使われていたのは金属貨幣だけだったからである。ところが金属以外の貨幣が登場すると、政府の特権はたちどころに拡大*され、そちらもカバーするようになる。新種の貨幣が登場したのは、もともとは政府が現金を必要としたためだった。政府は強制借り入れによって必要資金を調達し、引き換えに受領証を発行した。そしてこの受領証を貨幣として受け取るよう人々に命じたのである。こうして政府紙幣が徐々に登場し、やがて銀行券が出現するのだが、そのことが本書の目的にとって持つ意味は単純ではない。単位の異なる新種の貨幣が登場したことよりも、金属貨幣（政府が独

＊Knapp［36］. Mann［41］とも比較されたい。

占発行した確固たる貨幣である）に対する紙に書かれた請求権を貨幣として使うことのほうが問題だった。

紙にせよ何にせよ、それ自体は何ら市場価値を持たない材料でできた名目貨幣が、貨幣として受け入れられ保有されるようになることは、何らかの価値のあるものを請求する権利を表すのでない限り、不可能だろう。市場価値を持たないものが貨幣として受け入れられるためには、何か別の源泉、たとえば他の種類の貨幣への交換可能性といったものによる価値の裏付けが必要だ。こうしたわけで、金と銀、またはそれらの請求権だけが長年にわたって貨幣として存在することになる。これらの貨幣の間では競争が起きてもおかしくなかったが、一九世紀に銀価格が急落すると、銀は金のライバルの位置づけから脱落した（金銀複本位制の可能性は当面の問題とは無関係なので、ここでは論じない）。*

紙幣の供給管理は政治的、技術的に可能か

だが、いたるところで紙幣が定着するようになると、事情はすっかり変わってくる。貨幣発行の政府独占は、金属貨幣が主力だった時代でもすでに十分悪いことだったが、政治が紙幣（またたは、実質的価値を持たない他の名目貨幣）を管理するようになると、政府独占は救いがたい災

厄となった。紙幣というものは、最良の貨幣にも最悪の貨幣にもなりうる。供給量を慎重に調整して利用者を満足させることが発行機関の自己利益になるなら、最良の貨幣になる。だが特定の利益集団の要求を満足させることが自己利益になるなら、およそ考えられる限りで最悪の貨幣になるだろう（第18章を参照されたい）。

　紙幣の価値を管理するための原則にはさまざまなものがあるだろう。もっとも、無制限の権力を持つ民主政体の政府が、そもそも満足のゆくよう管理できるかどうかはかなり疑わしいが。歴史を参照すると、金《きん》のみが安定通貨を供給でき、紙幣は遅かれ早かれ減価するという定説が一見正しいように思われるかもしれない。だが貨幣価値の決定プロセスに関して判明した知識からすると、この偏見には説得力はあるが根拠はない。名目貨幣の価値が好ましからぬふるまいをしないよう供給量を政府がコントロールし、それによって名目貨幣の価値を維持してつねに受け入れられるようにすることが政治的に不可能だからと言って、それが技術的に可能であることを疑う理由はない。というわけで、禁止さえされていなければ、まったく異なるさまざまな通貨を持つことが可能になるだろう。従来の貨幣と同じ金属でできていて単位がちが

＊第7章を参照されたい。

うだけの通貨もあれば、他通貨に対して相対的に価値が変動するまったく新しい名称の通貨も出てくるだろう。また複数の通貨が多くの国で同時に流通し、人々がその中から選べるようになることも考えられる。このような可能性は、ごく最近まで、まじめに検討されたことがなかった。哲学者のハーバート・スペンサー*やフランスの経済学者ジョゼフ・ガルニエ**など自由企業制の最も急進的な提唱者でさえ、支持したのは私的な貨幣鋳造のみだったし、一九世紀半ばのフリーバンキング運動で要求されたのは、本位貨幣としての銀行券の発行権のみだったと見受けられる。***

貨幣発行の独占は政府の権力を強化した

本書で説明するとおり、貨幣の発行と管理に関する政府の排他的な権利は、良貨を供給することには寄与せず、おそらく悪貨を供給することのほうに寄与してきた。その一方で、政府の政策を推進する重要な手段の一つとなり、政府の権力を総じて強めることには大いに役立ったのである。現代の政治は、政府には貨幣を好きなだけ追加的に供給して人々に受け取らせる権力がある、との前提に大きく依存している。このため政府は昔から持っているこの権利を頑に守ろうとする。だがまさにこの理由から、この権利を政府から取り上げることがきわめて重要なのである。

　政府は、個人と同じく、欲しいものを何でも手に入れてよいわけではない（すくなくとも平時はそうである）。政府は、国民の代表者によって認められた手段のみを行使するよう厳格に制限されるべきであり、代表者が合意した範囲を超えてその財源を拡大すべきではない。現代における政府の財政拡大の大半は、貨幣発行によって赤字を補填する可能性があるために助長されたものである。財政拡大に当たっては、雇用を創出するとの口実がたびたび用いられた。だがアダム・スミスは「自然な自由の体制では、統治者が遂行しなければならない義務は三つしかない」と言ったとき、そこに貨幣発行の管理を含めていない。****これは意味深長である。

＊Herbert Spencer [57].
＊＊Joseph Garnier [21].
＊＊＊Vera C. Smith [55].
＊＊＊＊ちなみに三つの義務とは、他国の暴力と侵略から自国を守る義務、厳正な司法制度を確立する義務、公共施設や公共機関を設立して維持する義務である。Adam Smith [54], p. 698.（『国富論』第四篇第九章）

第4章

政府特権の濫用の歴史

THE PERSISTENT ABUSE OF THE GOVERNMENT PREROGATIVE

貨幣の歴史を研究すると、人民を欺き搾取するためにたびたび排他的な特権を行使してきた政府をなぜ人々が二〇〇〇年以上の長きにわたって我慢していたのか、ふしぎに思わざるを得ない。その理由を説明できるのは、政府特権が必要だという神話ぐらいだろう。この神話があまりに深く根付いていたため、この方面を専門とする研究者でさえ、それを疑うことなど思いもよらなかった（実際、私自身も長い間そうだった）。* だがひとたびこの神話の信憑性に疑念が生じると、その根拠はにわかにあやしいものに見えてくる。

＊F. A. Hayek [29], p. 324～.

貨幣発行を独占した支配者の不正行為をくわしく遡ることができるのは、ギリシャの哲学者ディオゲネスの時代までである。ディオゲネスは紀元前四世紀に、貨幣は政治家のサイコロ遊びだと言った。その後ローマ時代から一七世紀にいたるまで、つまりさまざまな形式の紙幣が主流になり始めるまでは、貨幣鋳造の歴史は品位低下の歴史だったと言える。つまり貨幣の金属含有量が減らされることがほぼ間断なく繰り返され、それに呼応して物価は全面的に上昇した。

過去のインフレの大半は政府が仕組んだものである

いま述べた経緯についてのくわしい歴史はまだ書かれていない。もし書かれたら、ひどく単調で憂鬱な物語になるだろう。その大半がインフレの歴史であり、それも政府が自己の利益のために仕組んだインフレの歴史だと言ってもけっして誇張ではないと信じる。一六世紀の金鉱と銀鉱の発見もインフレを助長したことはまちがいないが。歴史家は何度となくインフレの正当化を試み、経済が急速に進歩する偉大な時代はインフレによって可能になったのだと主張し、さらには一連のインフレ容認的な歴史理論まで打ち立てた。* だが事実はそのような理論を否定する。その証拠にイギリスとアメリカの物価は、それぞれの経済が最も急速に発展した時期が終わった時点で、二〇〇年前とほぼ同じ水準だった。それでも性懲りもなくこのような歴史理論が「再発見」されるのは、おそらく以前の議論の顚末を知らないのだろう。

中世初期のデフレは局地的または一時的だった

中世初期はデフレの時代だった。そのことがヨーロッパ全体の経済の衰退の一因になったと言えるかもしれない。だが、それすら確実とは言いきれない。総じて商取引が縮小したから貨幣量の流通が減ったのであって、その逆ではあるまい。物価高騰と貨幣の質的劣化に関する苦情が当時は非常に多かった。おそらく戦争と移住が市場を破壊し、人々は財産を安全な場所に隠したのだろう。その結果、貨幣経済が縮小し、そうした地域での局地的な現象としてデフレが起きたと判断してよかろう。北イタリアのように商取引がはやく回復した地域では、都市国家の君主たちがすぐさま競うように貨幣の品位低下を行ったことがわかっている。ときに民間の商人がより信頼性の高い交換手段を生み出そうと試みたものの、いずれも不首尾に終わってお

＊とくに Werner Sombart［56］. ゾンバルトの前には、Archibald Alison［1］などがいた。彼らについては、Paul Barth［4］を参照されたい。同書ではまるまる一章が「貨幣価値の関数としての歴史」に割かれている。また、Marianne von Herzfeld［32］も参照されたい。

り、君主による貨幣の品位低下は数世紀にわたって続けられた。そしてしまいにはイタリアは、最悪の貨幣と最良の貨幣論者を持つ国と皮肉られるようになる。

君主たちは、神学者や法学者にいかに非難されようと、この悪しき慣行をいっかな止めようとしなかった。紙幣の導入によって臣民をだますもっと安上がりな方法が登場するまで、やり続けたのである。政府がこんなことを続けられたのは、悪貨を押しつけるにあたって非常に残酷な罰則を用意したからだ。貨幣法に関するある法律書によれば、法貨の受け取りを拒絶しただけで、かつては次のような刑罰が科されていたという。

「マルコ・ポーロによれば、一三世紀の中国では、官営紙幣の受け取り拒否は死刑だった。フランスでは、アシニア紙幣の受け取り拒否は二〇年間の禁固刑か、場合によっては死刑だった。昔のイギリスの法律では、大逆罪として罰した。アメリカ独立戦争の頃は大陸紙幣の受け取り拒否は敵対行為とされ、債権没収となることもあった*」。

安定した貨幣の創造を阻んだのは絶対君主制である

アムステルダムなどに設立された初期の銀行は、商売のために安定通貨を求めた商人たちの試みから生まれたものである。だが絶対君主制が出現すると、そうした民間通貨を発行する企てをことごとく潰し、公式の政府貨幣としての銀行券を発行する銀行の後ろ盾となった。かくして政府には、またぞろ政策を悪用する道が開かれたわけである。金属貨幣の歴史ほどくわしくはないが、ここではざっと経緯を説明しておくことにしよう。

中国人は紙幣に関する自らの苦い経験から、しきりに紙幣の禁止を試みたと言われる(もちろん成功しなかったが)。ヨーロッパで紙幣がまだ発明もされていない頃の話である。** 翻ってヨーロッパ各国の政府は、紙幣発行が可能だと気づくや否や、国民に良貨を供給するためではなく、できるだけ多くの利益を上げて歳入を増やすために紙幣の発行を徹底的に利用した。イギリス政府は一六九四年に、銀行券発行の制限付き独占権をイングランド銀行に売り渡す。以来どの国の政府にとっても、貨幣鋳造特権に由来する自らの銀行券発行権が、真に独立した銀行の手に滑り落ちないようにすることが重大な関心事となった。

金本位制が支配的だった間は、この制度を維持することは国家の威信に関わる重大問題であって、その放棄は国家の恥だとする信念が存在した。この信念が、政府の権利の濫用を効果

* A. Nussbaum [50], p. 53.
** 中国については、W. Vissering [61] および G. Tullock [58] を参照されたい。ただし後者には、よく言われる「最終禁止」の話は含まれていない。

的に抑える働きをする。おかげで二〇〇年以上の長きにわたって貨幣価値が相対的に安定した時代が出現し、その間に周期的な危機はあったものの、近代産業主義が発展を遂げることになる。だが、いま（一九七六年）からおよそ五〇年前に、金との交換可能性は貨幣の総量をコントロールする手段に過ぎず、この総量こそが貨幣の価値を決定する真の要因であることが理解されると、どの国の政府もこのくびきから逃れようと躍起になる。かくして貨幣はこれまで以上に政治の道具となってしまった。それでも少数の大国はしばらくの間許容できる程度の貨幣の安定性を維持し、植民地にも安定をもたらすことができたが、東欧や南米では長期にわたって貨幣が安定したことは一度もない。

このように、政府が持てる権力を有効に活用し、それなりの長期にわたってまともな貨幣を供給した例はない。権力の甚だしい濫用を控えた時期はあったけれども、それは金本位制のような規律に縛られていたときだけである。このような無責任をこれ以上容認すべきではない。なぜなら今日では、通貨供給量を調節して通貨の購買力の大幅な変動を防ぐことが可能だとわかっているからだ。それに、金本位制などの規律を課されていない政府が信用できない理由はいくらでもあるが、民間企業が自ら発行した通貨の価値を安定的に維持しうることを疑ってかかる理由はない。民間企業にとって、彼らの事業の成否はそこに懸かっているからである。

以下では民間通貨が認められる制度について解説するが、その前に、無根拠な反対を招きかねない二つの先入観を排除しておきたい。

第5章 法貨の神秘性

THE MYSTIQUE OF LEGAL TENDER

先入観の第一は、「法貨（legal tender）」という概念である。この概念は当面の目的にとってあまり意味はないのだが、貨幣発行に関する政府独占に理由を与え、正当化すると広く信じられている。本書の提案にショックを受けた人が最初に発する言葉は、たいていは「でも法貨はどうしても必要でしょう」というものだ。日々の取引には単一の政府発行貨幣が必須であり、そのことを法貨の概念が立証すると言わんばかりである。

　しかし「法貨」に関する法律の規定が厳密に意味するのは、政府発行貨幣によって債務が返済された場合、債権者はその受け取りを拒否できない、ということだけである。*ただしイギリスの成文法にこの言葉の正式な定義がないことは意味深長だ。**他国では、法貨とは単に、政府発行貨幣建ての債務の返済手段あるいは裁判所の命じた債務返済手段とされる。政府が貨幣発行の独占権を握り、単一貨幣の地位を確立するためにその権利を行使する限りにおいて、政府発行貨幣建ての債務はこれこれのもので返済されなければならない、と定める権力も持ち合わせていることになるのだろう。だからと言って、すべての貨幣が法貨でなければならないとか、法律で法貨と認められたものすべてが貨幣でなければならない、ということにはならない(歴史を振り返ると、債権者がタバコによる債務返済に応じるよう、裁判所に命じられた例がある。タバコが貨幣と似ても似つかないことは改めて言うまでもない)。***

貨幣は自然発生的に存在していた

にもかかわらず「法貨」という言葉は、人々の想像力の中で、国家が貨幣を供給することは必要だという漠然とした考えと渾然一体になっていった。このような考えは、貨幣にもともとは備わっていなかった価値を与えるのは国家である、という中世の不合理な思い込みのなごりにほかならない。これが成り立つのはごく限られた場合、すなわち政府には、人々が契約で取り決めたものの代わりに政府が望むものを受け取らせることができる状況だけである。このとき政府は、債務者が契約で取り決めたものと同じ価値を代替物に与えることができる。だが人々は、これこれが貨幣である、と政府（聞こえをよくするために「国家」と呼ばれることが多い）が宣言することが必要だと思い込んでいる。これではまるで政府なしには貨幣は存在せず、政府が貨幣を作り出したように聞こえる。このような思い込みは、貨幣のような重要な道具は誰かが「発明」したに決まっており、誰か発明者によって自分たちに与えられたのだという素朴な信念に由来するのだろう。だが実際には、貨幣は社会の進化の過程において、誰も設計することなく自然発生的に生まれたことがわかっている。自然発生的に生まれたものとしてはほかに法律や言語や道徳があり、その中で貨幣は最も重要だと言える。ところが中世の「国家による貨幣価値決定説」が二〇世紀になってあの偉大なクナップ教授によって復活すると、ハイパーインフレを招きかねない政策への道を開くことになる。そしてドイツマルクの価値は、一兆分

＊Nussbaum［50］, Mann［41］, Breckinridge［6］.

＊＊Mann［41］, p. 38. 最近までイギリスの裁判所は、ポンド以外の通貨での支払いに関して判断を避けてきた。このことは、法定通貨のこの特性をイギリスにおいてとくに強いものとしてきた。だが最近の判決（Miliangos vs George Frank Textiles Ltd.［1975］）が下されて以来、状況は変わると考えられる。判決では、イギリスの裁判所は外国通貨建ての債権には外国通貨での返済を命じることができるとした。たとえば、売掛債権の返済をスイスフラン建てで請求することが可能である（フィナンシャル・タイムズ一九七五年一一月六日付。この報道はF. A. Hayek［31］, p. 45-46 に再録されている）。

＊＊＊Nussbaum［50］, p. 54-55.

の一まで下がってしまったのである。

民間発行通貨が好まれたことがある

政府が何も手を出さなくとも貨幣は存在しうるし、実際に存在したことがある。それも、非常に満足すべき貨幣が、である。ただし、長く存続することはまずできなかったが。* ここで学ぶべきは、一〇〇年前の中国の紙幣に関するあるオランダ人の報告である。それによると、紙幣は「法貨ではなかったから、また国家とは無関係だったからこそ、貨幣として広く受け入れられていた」という。** 今日一国の国土において一種類の貨幣のみが広く流通しているのは政府のおかげだと考えられている。だがこれが果たして望ましいのかどうかは、議論の余地がある。また、法貨を巡る混乱とは無縁のより良い貨幣を持つメリットを国民が理解しているのになぜそれが禁じられているのか、ということも議論の余地があるだろう。ついでに言えば、「法定決済手段」を法律でとくに定める必要はない。法律では、債務をどの通貨で返済するかという問題が生じたとき、裁判所が決められると定めておけば十分である。

　この点に関する良識ある判断は、八〇年前にファラー卿が明確に述べている。ファラー卿は法律家、統計学者、高等文官であり、自由主義的な経済政策の擁護者として名高い。一八八五年に書いた論文***の中で、彼は次のように主張した。

「国家が、（自ら定めた価値の）基準単位を法貨にするというだけのことなら、法貨のための特別な法律を運用する必要はないし、そうすべき理由もない。何らかの形態の通貨に特別な役割を与える法律などなくても、通常の契約法で事足りる。我が国はソブリン金貨を通貨単位として、つまり価値基準として採用している。私が一〇〇ソブリン払うと約束したら、私には一〇〇ソブリン払う義務があるとか、一〇〇ソブリン払うよう求められたら他のもので代用はできないと教えるのに、何か特別な法規定など必要ない」

そしてファラー卿は、法貨という概念の代表的な適用例を検討したのちに、次のように結論づけた。

＊大きな商業都市では、当局がすくなくとも一定の金属を含む貨幣の供給を試みた。たとえばアムステルダム銀行の設立はその一例である。それらの貨幣はたいへんうまくいき、国境を越えて流通した。それでも当局は自分たちの準独占的地位を遅かれ早かれ濫用するようになる。アムステルダム銀行は国の機関として、目的によっては市民はその利用を義務づけられた。しかも一定額以上の支払いについては、唯一無二の法定通貨扱いとなった。その一方で、通常の少額取引や地方企業の取引では、市当局の定める限度以上はこの貨幣を使うことはできなかった。ベニス、ジェノバ、ハンブルク、ニュルンベルクの同様の試みにも同じことがおおむね当てはまる。

＊＊ Willem Vissering [61].

＊＊＊ Lord Farrer [17], p. 43.

「法貨法を適用・悪用した上記の例を吟味する限りでは、最後の例（補助貨幣の例）を除き、ある共通の特徴があることがわかる。それは、この法律はどの場合にも、契約で予め定められたものとはちがうものを債務者が払うことを可能にし、それを受け取るよう債権者に要求していることだ。となればこの法律は、人々の取引に対して絶対権力が押しつける強制的かつ不自然な解釈だと言える*」。

そして数行あとには、「法貨に関する法律は、本質的に疑わしい」と付け加えている**。

法貨は不確実性を生む

法貨というものは、契約を結んだ時点では当事者がまったく意図していなかったものを契約履行時に強制的に受け取らせるための法律的な発明品にほかならない、というのがほんとうのところである。となればこの法律は、状況によっては取引の不確実性を増大させる要因となる。そしてファラー卿が別の箇所で述べているように、「自発的な契約の自由な履行や、単に自発的な契約の履行を要求する法律に代わって、恣意的な法律に強制されなければ当事者がけっして思いつかなかったような不自然な解釈」を生む要因にもなる。

このことは、「法貨」という言葉が広く知られるようになり、貨幣の定義として扱われるようになった頃の歴史上の事例によく表れている。一つは、南北戦争後のアメリカの最高裁判所で争われた悪名高い「法貨訴訟」である。この訴訟では、ドルの価値がはるかに高かった時期に貸し付けたお金に対する返済を、債権者は現行ドルの額面で受け取らなければならないのかどうかが争われた。***

第一次世界大戦後にヨーロッパで発生したハイパーインフレの末期にも、同じ問題が一段と深刻な形で起きている。あのドイツマルクのような極端なケースでさえ、「マルクはマルク

＊Lord Farrer [17], p. 45. この問題に関して基本的な典拠とされるのは、カール・メンガーの法定通貨に関する一八九二年の論文 [43a] である（私自身の見解もそこに依拠していることはまちがいないのだが、本書の第一版の執筆時点ではそれを忘れていた）。この論文では、法定通貨をより的確に表現するドイツ語 Zwangskurs（強制通用）という言葉を使っており、Zwangskurs は次のように説明されている（再版の九八〜一〇六ページ参照）。「多くの場合、貨幣鋳造特権や紙幣発行特権の濫用から生じた例外的な流通手段を取引で使用するよう、人々の意志に反して司法大権で強制することを目的とする措置」（一〇一ページ）。「金銭債務その他の債務について、明示または暗黙に取り決められた請求内容に合致しない種類の貨幣を債権者に受け取らせる、または自由な取引における価値と一致しない価値を債権者に押しつける法的強制措置」（一〇四ページ）。とくに興味深いのは、一〇二ページの最初の脚注である。そこではメンガーは、一九世紀前半の自由主義経済学者の間では、法定通貨を貨幣の堕落の兆候と考えることに関してかなり一般的な合意が存在していたと指摘する。しかし一九世紀後半になると、（おそらくドイツの）法律家の影響で、経済学者たちは法定通貨を完璧な貨幣の属性だと誤解するようになったという。

＊＊Lord Farrer [17], p. 47.

＊＊＊Nussbaum [50], p. 586-592.

だ」という原則が最後まで貫かれた*。もっとも後になって、ひどい損害を被った人々に対してわずかながらも補償する努力がなされたが。

税金と契約

税金はどの通貨で納めなければならないか、政府が結ぶ契約はどの通貨建てにするかといったことは、言うまでもなく政府が自由に決めることができる（この方法で、政府が発行した通貨や選んだ通貨を有利にすることができる）。だが、課税評価額の算定にあたって政府が他の通貨単位を使ってはならない、という理由はない。また損害賠償や不法行為の補償といった契約によらない支払いに関しては、裁判所が通貨を決める必要があるだろう。そのために新たな規則を作る必要はあるかもしれないが、立法措置の必要はあるまい。

一方、征服、革命、国家分裂などによって政府が消滅し、政府発行の通貨が他の通貨に置き換えられるようなケースでは、大問題が生じる。この場合には後継政府が、消滅した通貨建ての民間契約の扱いについて、何らかの法規定を定めるはずだ。また民間通貨の発券銀行が業務を停止し、発行通貨の買い戻しができなくなるケースでは、この通貨はおそらく無価値になり、保有者には強制力のある補償請求権はないと考えられる。このような場合裁判所は、通貨価値が安定していると妥当に判断された時期にその通貨建てで結ばれた民間契約について、契約当事者の意図に最も近いと推定される他の通貨で履行するよう決定することになろう。

＊一九二二年以後のオーストリアでは、「シュンペーター」という名前は人々の間で「クローネはクローネである」という原則と関連づけられて、ほとんど呪い言葉のようになっていた。というのも経済学者のJ・A・シュンペーターは、短期間ながら大蔵大臣を務めた際に、ある省令に署名したからだ。すなわち、「クローネはクローネである」という原則はまちがいなく合法的だとする省令である。具体的には、クローネの価値が高かったときのクローネ建ての債務は、減価したクローネで、つまり最終的に当初の価値の一万五〇〇〇分の一に減価したクローネで返済できることを意味する。

第6章 グレシャムの法則をめぐる混乱

THE CONFUSION ABOUT GRESHAM'S LAW

悪貨は良貨を駆逐してしまうから政府による貨幣発行の独占が必要だという考えは、いわゆるグレシャムの法則の誤解から来ている。著名な経済学者W・S・ジェヴォンズは、政府独占の必要性を証明するために、この法則を「良貨は悪貨を駆逐できない」という形で強く主張した。当時のジェヴォンズは、金貨の鋳造を自由競争に委ねてよいという哲学者ハーバート・スペンサーの提案に反対していたのである。その頃は、異なる種類の通貨と言われて思い浮かぶのは金貨と銀貨しかない時代だった。おそらくは造幣局の検査官だった経験から経済学の道に進んだジェヴォンズは、同時代の大方の人と同じく、それ以外の通貨の可能性を真剣に考えたことがなかったのだと思われる。彼はスペンサーの提案を「食品店が紅茶を売ってくれ、パン屋が食パンを届けてくれると信頼するのと同じように、ヒートン&サンズとかいったバーミンガムの商会が自己責任で金貨や銀貨を供給してくれると信用するようなもの」だと怒りを込めて決めつけ、*一般的に言って「貨幣ほど競争行為に委ねるのに適さないものはない」と断定的に宣言した。**

もっともそのスペンサーでさえ、民間企業に許可すべきだと考えていたのは、政府が当時発行していたのと同じ種類の貨幣、つまり金貨と銀貨の鋳造だけだった。このことは時代の特徴をよく表していると言えよう。スペンサーにふつうに思いつく貨幣の種類は金貨と銀貨だけであり、したがって政府発行と民間発行の貨幣の間には固定交換比率が存在すべきだと考えていたはずだ（つまり重量と品位が同じであれば、両者の交換比率は一対一となる）。この場合、どちらかが粗悪な貨幣を発行すれば、まちがいなくグレシャムの法則が働くことになる。ジェヴォンズの頭にあったのも、このことだったにちがいない。というのも彼は、スペンサーの提案に対する批判を次の理由で正当化しているからだ。

「貨幣以外のことでは、誰でも自己利益から良いものを選び、悪いものを拒む。だが貨幣に関する限り、なんとも矛盾することだが、人々は悪いものを選び、良いものを追い出すように見える」。***

じつはグレシャムの法則が当てはまるのは、固定交換比率が法律で定められている異なる種類の貨幣の間だけである。**** このことをジェヴォンズや他の大勢の人は見落としているか、その重要性に気づいていないのだろう。金の含有量の異なる二種類の貨幣が債務の返済において完全に代替可能であると法律に定められており、したがって債権者は金の含有量の多い貨幣でなく少ない貨幣のほうで払われても、それを受け取らなければならないとなれば、債務者は当然ながら低品位のほうで返済し、高品位のほうはもっと有益な用途に充てるだろう。

* W. S. Jevons [34], p. 64. ここには Herbert Spencer [57] への反論が述べられている。

** Jevons [34], p. 65. 銀行業と銀行券発行を自由競争支持運動の対象外とすることを正当化した最初の特筆すべき試みは、S・J・ロイド（のちのオーバーストーン卿）の一八三七年の著作に見られる。そこには次のような記述がある。「競争が社会にもたらすごく一般的なメリットは、生産者の創意工夫と努力を促し、それによって最適な品質と数量の商品が可能な限りの低価格で人々に提供できるようになることである。しかも生産者の誤りや見込み違いから生じる損害はすべて生産者が引き受け、一般の人には波及しない。だが紙幣に関する限り、人々の利害はこれとは大きく異なる。紙幣においては、法律で定められた総量を確実かつ一様に規制することをめざすべきであり、この点に関する誤りや見込み違いから生じた結果の大部分は、発行者よりも一般の人々が被ることになる」(S. J. Loyd [38], p. 49)。ここでロイドが考えているのは異なる発行者が同一の通貨を発行する可能性だけであって、異なる名称の通貨が互いに競争する可能性が念頭になかったことはあきらかだ。

*** Jevons [34], p. 82. ジェヴォンズのこの表現は遺憾である。というのも、もともとの意味では、グレシャムの法則は、人々が悪いものから逃れ、良いものを別の目的にとっておこうとするからこそ成り立つからだ。

**** Hayek [30] および Fetter [17a] を参照されたい。

だが交換比率が変動するならば、低品位の貨幣は高品位の貨幣に対して交換比率が下がる。まして価値が一段と下がると見込まれる場合には、人々はできるだけ早く低品位の貨幣を手放そうとするだろう。この選別プロセスを経て、さまざまな発行者が発行する貨幣の中で最高とみなされたものが優勢となり、不便だとか価値がないとみなされた貨幣はすみやかに排除されることになる。* 現にインフレが急速に進行する状況では、より安定した価値をもつものは何でも、じゃがいもからタバコやブランデー、卵からドル紙幣などの外国通貨にいたるまでが、貨幣代わりに使われるようになる。** こうしたわけでドイツのあのハイパーインフレの末期には、グレシャムの法則はまちがっており、まさに正反対のことが正しいとされた。グレシャムの法則は、まちがいではない。ただすでに述べたように、異なる種類の貨幣の間に固定交換比率が強制されている場合にしか当てはまらない。

*ときに引用されるように、グレシャムが主張したかったのが「良貨は悪貨を全面的には駆逐できない」ということならば、彼は断じてまちがっていた。固定交換比率が強制されるという条件（おそらくグレシャムも暗黙のうちにこれを仮定していた）を付け加えない限り、その主張は成り立たない。

** Bresciani-Turroni [7], p. 174 を参照されたい。「自国通貨に対する強い不信感が支配する状況では、グレシャムの法則の原理は逆転し、良貨が悪貨を駆逐する。そして後者の価値は下がり続ける」。しかしこの著者でさえ、決定的なちがいは「強い不信感」ではなく、実効的に強制された固定交換比率の有無であるとは述べていない。

第7章

並行通貨と貿易決済通貨

THE LIMITED EXPERIENCE WITH PARALLEL CURRENCIES AND TRADE COINS

貴金属でできた貨幣が実用的かつ広く受け入れられる唯一の貨幣だった時代には、これらと交換可能な代用品は存在したものの（銅は比較的はやい時期に補助的な代用貨幣に格下げされていた）、並行して流通した異なる種類の通貨は金貨と銀貨だけだった。

昔の両替商が扱わなければならなかった貨幣は多種多様ではあったが、結局のところは金か銀のどちらかでできていたのである。金貨と銀貨それぞれの体系内の価値は、金属の含有量で決められていた（それを確かめるのは、素人ではなく検査官である）。多くの君主が金貨と銀貨の間の交換比率（金銀比価）を固定しようと努力した結果、いわゆる金銀複本位制（bimetallic standard）が生み出される。だが、国際条約を結んで交換比率を統一すべきだと早くから言われていたにもかかわらず*、どの国も勝手に金銀比価を決めた。そこで、他国と比べて比価が不利になっている国の金貨または銀貨はあっという間に流出することになる。だから、この制度は交替本位制（alternative standard）と呼ぶほうが正確だろう。その時点で割高になっている金属次第で本位貨幣が変わるシステムである。結局、この制度は一九世紀後半に放棄されるのだが、その直前に金銀比価を国際的に統一する最後の試みが行われた。このときの比価は、一五・五対一となっている。金・銀の生産量に大幅な変動がなかったら、この試みはうまくいったかもしれない。当時は、金・銀いずれも備蓄の相当部分が貨幣用だったから、多少の増減があったとしても、相対的な価値は法定比価に収束するよう調整されたと考えられるからだ。

並行通貨

ただし一部の国では、金銀比価を固定しない方式の金銀複本位制が長期にわたって存続した。たとえば一六六三〜九五年のイングランドがそうだ。一六九五年にこの制度が終わったのは、イングランドが不注意にもかなりの金高銀安で比価を設定したため、金貨が大量に流入し続け、事実上の金本位制に移行したからである。** ハノーファーでも、このように金銀比価を固定しない金銀複本位制が存在し、一八五七年まで続いた。ハノーファーのある学者はこれを並行通貨制と呼び、金銀比価を固定する通常の金銀複本位制と区別している。***

並行通貨が広く流通したのはこの方式のときだけだが、次の理由から非常に不便であることがわかった。この時期の大半を通じて、金は重量単位で銀の一五倍の価値があったため、当然ながら金を大きい単位（たとえばギニー）に、銀を小さい単位（たとえばシリング）に（場合によっては銅をさらに小さい単位に）用いることになる。だが金銀比価が変動するため、小さい単位がつねに大きい単位の一〇分の一、というふうにならない。別の言い方をすれば、金貨と銀貨はそれぞれ別の系に属しており、金貨の系には小さい単位が存在せず、銀貨の系には大きい単位が存在しないわけである。****これでは、大きい単位の貨幣を小さい単位の貨幣と両替しようとするたびに面倒なことになる。個人的な目的のためでさえ、一貫して同じ比価を適用することはできなかった。

＊G. Scaruffi［57］が一五八二年にそう述べた。

＊＊A. E. Feaveryear［16］, p. 142.

＊＊＊H. Grote［23］.

＊＊＊＊中世の一時期にイタリアの大きな商業都市国家で発行された金貨は、国際貿易で広く使われ、かなり長期にわたって一定の金含有量を維持していた。その一方で、国内の小売取引で使用された小型貨幣（その多くは銀貨だった）は徐々に品位が低下するといういつもながらの運命をたどった（Cipolla［11］, pp. 34ff.）。

極東で最近見られたいくつかの例を除き*、複数の通貨が並行して流通した例はごく少なかったようである。そのうえ並行通貨の記憶は、かなりこの制度の評判を落としてしまった。とはいえ、競争通貨が引き起こすと想定される問題の一部が実際に生じた歴史上唯一の事例として、並行通貨はいまなお興味深い。中でも重要な問題は、一国または一地域だけの通貨供給量という概念は、このような制度では厳密には意味がない、ということだ。なぜなら、異なる種類の通貨の相対価値がわからない限り、流通している通貨の総量は計算できないからである。

貿易決済通貨

貿易決済通貨の例としては、紅海沿岸地域におけるマリア・テレジア・ターラー銀貨(オーストリア政府が東方貿易の決済目的で発行した大型銀貨)、極東におけるメキシコドル(メキシコを中心に中南米で発行された八レアル銀貨で、極東でも大量に流通し、メキシコ銀や洋銀と呼ばれた)、国境地帯や観光地で二種類以上の通貨が流通した例などがある。だがこれらの例はどれもいくぶん性質が異なるうえ、複雑なので、あまり役に立ちそうもない**。事例があまりに少ないので、古典派経済理論の通常の手続きに従うほうがよかろう。すなわち、関連する状況における人間のふるまいについてすでにわかっていることに基づいて、人々が新しい選択肢に直面したときに起きる可能性が高いことを知るために一種のメンタルモデルを考えるか、でなければ思考実験をすることが望ましい。

＊G. Tullock〔58〕および〔59〕. B. Klein〔35〕と比較されたい。
＊＊貿易決済通貨に関する便利なまとめは、以下を参照されたい。Nussbaum〔50〕, p. 315.

第8章 民間通貨の発行

PUTTING PRIVATE TOKEN MONEY INTO CIRCULATION

以下の議論では、自由に銀行券を発行する機関を世界のどこにでも設立できるものと仮定する。発行された銀行券は固有の名称を持ち、互いに競争し、また当座預金口座に預け入れられるものとする。これらの機関は単に「銀行」と呼ぶが、銀行券を発行しない他の銀行と区別する必要がある場合には「発券銀行」と呼ぶ。さらに、発行した銀行券に各行が与えた名称や単位は、ブランド名や商標と同じく保護され、その無断使用を禁じるものとし、他の文書と同じく偽造も禁じるものとする。こうして銀行は、自分たちの発行した通貨をできるだけ使い勝手のよいものにして多くの人に利用されるよう競争することになる。

スイスの民間通貨「ダカット」

おそらく読者はまず、そのような通貨がどうやって広く通用するようになるのかと訊ねるにちがいない。それを説明するには、私がたとえばスイスの大手民間銀行の経営者だったらどうするか、という形でお話しするのがいちばんわかりやすいと思う。最初に私は、たとえば「ダカット」という固有の商標名を持つ通貨建ての当座預金証書または紙幣を発行すること、その通貨建ての当座預金勘定が開設可能であることを発表する。以上のことは法律上可能であると仮定する(未確認だが)。

私が引き受ける唯一の法的義務は、要求があったときにダカット紙幣やダカット建ての預金証書を買い戻すことである。このとき、ダカット持参人の選択に従い、一ダカットを五スイスフランまたは五ドイツマルクまたは二ドルで買い戻す。この買戻価格はあくまで下限であって、一ダカットの価値はこれ以下には下がらないはずだ。なぜなら私は通貨発行の発表と同時に、ダカットの(厳密に定義された)購買力をできる限り一定に保つべく、その発行量を調節する意図もあきらかにするからである。また私は、ダカットの流通を維持できるのは、その実質価値がほぼ一定に保たれるとの期待に応えた場合に限られると承知していることも人々に伝える。さらに、維持しようとするダカットの価値と等価の商品バスケットを時宜に応じて公表すること、公表後も経験やあきらかになった利用者の選好に応じて商品バスケットの構成を変更しうることも併せて発表する。

★発券銀行が、発行した通貨の価値を維持すると法的拘束力のある約束をする必要はないし、それは望ましくもない。ただし発券銀行が貸し出しを行う場合には、返済を自行発行通貨の額面で行っても、相当額の他の一種類または数種類の通貨の組み合わせで行ってもよいことを契約書面に明記すべきである。後者の場合、契約締結時においてダカットと等価の商品バスケットを市場で購入できる額の通貨で返済する。銀行は主に貸し出しを通じて通貨を発行することになるが、銀行が裁量的に通貨価値を引き上げる可能性が形式上は存在するため、潜在的借り手を遠ざけてしまう恐れがある。よって、他通貨での返済を認めることによりその可能性がないことを明示的に保証する必要があるだろう。★★

発行した預金証書または紙幣とこれに対応する帳簿上の発行残高は、短期貸し出しを介して、

★初版との違いを明示するために、第二版で大幅に追加された箇所の始まりに★印を、終わりに★★印をつけてある。

または他通貨（多くは政府発行通貨）と引き換えで売るという形で、利用者に提供されることになる。こうした選択可能性を用意すれば、ダカットは当初から、他通貨を上回る価格で、つまりプレミアムつきで買われるだろう。買い戻しの際に払い出す他通貨の価値が実質ベースで下がり続けるにつれて、プレミアムは大きくなると見込まれる。ダカットの価値を一定に維持するには、ダカットが最初に売り出されたときの価格の実質価値を基準にするとよいだろう。既存通貨が下落し続けるようなら（安定した通貨が利用可能になれば下落は加速するはずだ）、安定通貨に対する需要は急増するにちがいない。そうなればすぐにも、ダカットとよく似ているが名称の異なる通貨を発行する競争相手が登場するだろう。

新通貨は最初は店頭取引か競売の形で売り出すが、正規の市場が確立されたのちは通常の銀行業務を通じて、すなわち短期貸し出しを通じてのみ発行されることになる。

価値は一定だが固定ではない

発券銀行は、ダカットの価値を安定的に維持する基準となる商品バスケットを最初に発表しておくことが望ましい。だがだからと言って、法律によってリンクさせる必要はないし、望ましくもない。競争する通貨に対する一般の反応を通じて、ある時期ある場所でどのようなバスケット構成が最もよい参照基準になるかが次第にあきらかになるだろう。また商品の重要性、取引量、その価格の相対的な安定性と市場感応度（とくに価格が競争を通じて決定される度合い）の変化からも、ダカットの利用度を高めるためにバスケット構成をどう調整すればよいかが読み取れるはずだ。第13章で述べる理由から、商品準備本位制（commodity reserve standard）の基本として示した原材料で構成することが適切だと考えている。[*] 発券銀行の立場からも、経済活動全体に安定性をもたらす効果という点からも、そう言えるだろう。

競争を通じた通貨価値のコントロール

ここで提案した制度は、商品準備本位制または他の形態の計表本位制（tabular standard）に期待されていたことをすべて実現する実行可能性の高い制度であることがわかるはずだ。同時にこの制度では、貨幣管理を独占していた機関から権限を取り上げ、それを民間機関に移すことで、貨幣価値の維持を完全自動化する必要性をなくしている。民間機関にとっては、期待に応えられなかったら通貨発行事業全体をたちどころに失いかねないという危険性の存在が、政府

＊ Hayek [30], p. 318-320.

独占に対して考えられるいかなる措置よりも、価値の維持を促す強力な手段となる（これに対して政府機関はどこも決まって、原料価格を操作するチャンスさえあればそれを悪用するものだ）。競争の存在は、発券銀行に発行通貨の価値を（商品バスケットに対して）一定に維持することを強く促す。よって通貨と商品（または金）との交換を義務づける制度よりも、競争のほうが効果的な強制力を持つことが立証されるはずだ。しかも競争のほうが、貴重な金なり原料なりを備蓄するよりはるかに安上がりである。

民間通貨が拠りどころとする信頼は、今日の民間銀行（あるいは政府預金保険機構ができる前のアメリカ）が拠りどころとする信頼とそうちがうものではない。預金者全員が預金を引き出す権利を同時に行使したら、銀行にはそれに応じられるだけの現金がないことは誰でも知っている。それでも今日の人々は、銀行が事業を維持するために日々の業務を巧みに舵取りし、つねに預金の引き出しに応じられるものと信じている。同様に、ここで提案した制度では、銀行はダカットであれ何であれ、発行通貨の購買力がほぼ一定になるよう発行量を調節し続けるだろうという揺るぎない信頼こそが通貨発行事業の頼みの綱となる。そのことを銀行経営者は胆に銘じなければならない。

となれば、この冒険的な事業のリスクがあまりに大きすぎて、本来この事業に必要と思われる保守的な気質を備えた人々が、参入をためらうのではないだろうか。* いったん通貨の発行を発表し事業を始めたら、発券銀行自身には自らの義務の大きさを決められなくなることは、否定できない。発行した通貨の購買力を一定に保つという目的を達成するためには、需要の増減に応じてすみやかに供給量を調節しなければならないのだ。もっとも銀行が通貨価値を一定に維持できている限り、需要が突然大幅に減ることを心配する理由はほとんどあるまい（競争相手の通貨が割り込んでくるとしても、である）。むしろ心配なのは、民間機関が扱える限度を超えて需要が急増することのほうだろう。だがそれほどの成功を収めたら、すぐに新たな競争者が出現してその心配はなくなる、とかなりの確度で断言できる。

*通貨発行事業に参入する魅力の問題には、物価連動債に関するフィッシャーの議論がいくらか関係があるだろう（S. Fischer [18]）。この議論では、企業が物価連動債の発行に気乗り薄であることが指摘された。銀行の発行する紙幣の価値が、他の競争通貨に対して徐々に増価する場合、発行残高（および他の負債）の合計が資産合計を上回ることはあり得る。銀行には、発行した紙幣を増加した価額で買い戻す法的義務はないと考えられるが、要求されたら発行紙幣を時価ですみやかに買い戻さない限り、事業を継続することはできまい。発行紙幣の実質価値を一定に維持できている限り、買い戻しを要求されることがあっても、発行残高のごく一部にとどまるだろう。著名な芸術家の版画数点を保有している美術商は、その作家の作品が人気を保つ限りにおいて、適切な売買によってその市場価値を維持しうることに疑いの余地はない。この美術商がその作家の現存する版画作品をすべて買い上げることはできないという事実とは関係がないのである。同様に銀行も、たとえ発行残高をすべて買い戻すことができなくとも、発行紙幣の価値を維持できるはずだ。

発券銀行は、発行時に約束した通貨での買い戻しにいつでも応じられるよう一〇〇%の準備を現金で積み立てる。これは、さほど法外な費用をかけずにできるだろう。そのうえで、受け取ったプレミアムは通常の業務に自由に活用してよい。だがインフレが亢進してこの準備通貨の価値がダカットに対して大幅に下落した場合には、銀行はダカットの価値を維持するために、高い交換比率で相当額のダカットを買い戻す用意がなければならない。そのためには、相当額の運用資産を迅速に現金化できることが必要になる。したがって運用資産は十分に注意して選ばなければならない。さもないと、通貨発行事業の先行者が後発者と市場を分け合う状況になったときに通貨需要の急増が起きると、困ったことになる。ちなみに、銀行がこの義務を果たすために安定した運用資産を確保するのは、今日の銀行家が考えるほど困難ではない。というのも自行の発行通貨での貸し出しは、当然ながら安定した資産に該当するからだ。

じつは発券銀行は、自らが単位価値を定めた通貨建ての債権と債務を持つことになる。もちろん、自ら定めたと言っても勝手気ままに変えることはできない（そんなことをすれば通貨発行事業の基盤を破壊することになる）。だが最初はこの奇妙な事実に驚くかもしれないが、さほど問題にはなるまい。会計上いくぶん当惑させられる問題も、発券銀行は自前の通貨建てで帳簿をつけるのだという事実を思い出せば、おおむね解消しよう。紙幣発行残高と預金残高は、銀行に対して他通貨建てで請求されるわけではない。発券銀行は自らが価値を決定した通貨でもって債務と債権を抱え、それを帳簿に計上するのである。これはまさに世界中の中央銀行が半世紀近くにわたって行ってきたことだと言えば、驚きは薄らぐだろう（ただし中央銀行の発行する紙幣が他の何かと引き換えに買い戻されることはあり得ないが）。とはいえ、他の多くの資本資産に対して相対的に値上がりする通貨というものは、会計士にとってはこれまで扱ったことのない問題を提起することになろう。当然ながら発券銀行は、当初は、最初に約束した他通貨で発行通貨を買い戻す法的義務を果たさなければならない（本書の例で言えば、一ダカット＝五スイスフランまたは五ドイツマルクまたは二ドル）。だが一定期間以上ダカットが存続するうちには、他通貨の価値は大幅に下がり、すっかり姿を消してしまうこともあり得るだろう*。

*真の問題は、経済危機が突然発生するなどして、安定通貨の需要が急増した場合に生じる。この場合、他通貨と引き換えに大量の安定通貨を売り出さなければならない。言うまでもなく銀行はそのような価値の急上昇を防がなければならないが、そのためには通貨供給量を増やすほかない。だが他通貨と引き換えに安定通貨を売れば、銀行の資産は発行通貨に対して目減りすることになる。銀行は、たとえ超低利の融資を謳っても、短期間で貸し出しを急激に増やすことはできまい。そのような状況では、他通貨と引き換えで売るよりも、利子率を小幅のマイナスにしてでも貸し出すほうが安全だろう。有価証券（発行通貨に換金可能）を担保にとって、超低金利の長期貸し出しをすることも可能かもしれない。発行通貨に対する需要が急減しても、有価証券なら容易に売却できるはずだ。

第9章 発券銀行間の競争

COMPETITION BETWEEN BANKS ISSUING DIFFERENT CURRENCIES

貨幣の供給は競争に委ねることはできないという命題はあまりに長い間自明だとされてきたため、なぜなのかを説明できる人はほとんどいまい。すでに論じてきたように、競争に不向きとされる理由は、おそらく次のように説明できるだろう。まず、一つの国には一種類の貨幣しか存在してはならないとされ、さらに競争とは、その一種類の貨幣を複数の機関が別個に発行することによって総供給量は決まると考えられてきたことである。だが同じ名称で互いに完全に交換可能な貨幣を競争的に発行するというのは現実的ではない。そんなことをすれば、その一種類の貨幣の総供給量を誰もコントロールできず、したがってその価値に誰も責任を持てなくなってしまうからだ。これに対してここで検討しようとする問題は、はっきりと識別可能で名称も単位も異なる通貨を発行する銀行同士が競争することである。そうすれば、複数の種類の通貨を扱う不便さ（だが大方の人は何種類も扱う必要はないだろう）を打ち消してあまりあるほどよい通貨が出現すると考えられる。

　こうした競争条件下では、ある銀行が発行した通貨の価値は、官民を問わず他の機関が発行した通貨の供給量には必ずしも左右されないだろう。発券銀行は、自行が発行した通貨が多くの人に利用されるよう、その供給量を調節することができるし、競争をする以上、当然そうしなければならない。人々の期待に応えられなかったら通貨発行事業自体をあっという間に失うことになるのだと、発券銀行はよく承知しているはずである。通貨発行事業に参入して成功すれば、大きな利益が上がることはまちがいない。しかし、銀行が所期の理念を実現する能力と決意を持ち合わせていることに対する信頼と信用を取り付けられなければ、成功は覚束ない。この状況で政府がこれまで発行してきたものよりよい通貨を創造するために必要なのは、飽くなき利益追求であるように思われる。*

競争の効果

以下のことはまず確実と考えられる。

一　購買力がほぼ一定に保たれると広く予想される通貨には、人々がそれを自由に利用できる限り、持続的な需要があると見込まれる。

二　このように持続的な需要が通貨価値の安定的な維持に左右される以上、発行した通貨

＊発券銀行は、紙幣と当座預金証書のほかに、少額の硬貨も発行することになる。ある通貨に使い勝手のいい硬貨が用意されていることは、その通貨の利用度を高める重要な要素だ。ある地域の小口取引でどの通貨が優勢になるかは、その通貨の少額硬貨が習慣的に使われること（自動販売機、乗車賃、チップなど）がおそらく決め手となるはずだ。異なる通貨の実質的な競争は、おそらく企業間取引での使用に限定されるだろう。一方、小口取引では、賃金がどの通貨建てになるかが重要な要素となる。

現時点で、比較的小さい単位の硬貨が一律に使用されるような状況、たとえば自動販売機、券売機、電話などでは、いくらか特殊な問題が生じるだろう。すなわち、複数の通貨が一般的に利用されているような地域であっても、自動販売機などではある一種類の少額硬貨のみが優勢になると考えられる。競合する複数の通貨がおおむね同じ価値を維持している場合（これは大いにありそうなことだ）には、複数の硬貨の扱いに関する技術的な問題は、さまざまな方法で解決されると予想される。たとえば小売組合などの組織が、市場価格があまり変動しない単一種類の硬貨を発行することが考えられる。あるいは地域の小売店・交通機関・通信機関が合同で、域内の自動販売機・券売機すべてで使える共通の硬貨セットを市場価格で販売することも考えられる。この場合、おそらくは銀行を通じて販売することになろう。こうした小さな問題は商業的なさまざまな工夫によって解決されると見込まれる。

このほかに考えられるのは、現在の硬貨をプラスチック製の代用硬貨に置き換えることだ。プラスチック硬貨には電子的な刻印を施して、キャッシュレジスターや自動販売機が読み取れるようにする。この刻印は、有価証券同様、法律で偽造を禁止される。

が減価しても何ら困らない独占発行機関よりも、価値の維持に全力を尽くす発券銀行のほうを人々は信用するはずである。

三　通貨を発行する機関は、供給量を調節することによって価値の安定を実現できる。

四　以上のように各通貨の供給量が調節されることは、価値交換手段の現実的な調節方法の中で、およそ考えられるあらゆる目的にとって最善と考えられる。

競争する複数の発券銀行は、当然ながら貸し出しや売り出しについても通貨の質を争わなければならない。競争する複数の発券銀行が、これまで政府が提供してきた通貨よりも人々のニーズに適う通貨を提供できることを示せれば、政府発行通貨よりも彼らの発行する通貨のほうが好んで利用されるようになるはずだ。すくなくとも、民間発行通貨の利用に対する規制を政府がすべて撤廃した国では、そうなる。新しく登場した通貨がどんどん利用されるようになれば、既存の政府発行通貨に対する需要は縮小する。したがって既存通貨の供給量をただちに減らさない限り、価値の下落は避けられない。こうして信用を失った通貨は次第に姿を消すことになる。政府発行通貨の凋落を喰い止めたかったら、政府は通貨が完全に姿を消す前に姿勢を改め、競合する民間機関と同じ基準で供給量を調節するよう気を配る必要がある。だが、政府にそれができるとは思えない。政府発行通貨の減価の加速にブレーキをかけるには、新通貨の出現に機敏に対応して供給量を絞らなければならないからだ。

新聞による監視

発券銀行間の競争は、新聞や通貨取引市場が行動を日々監視することによって、一段と熾烈になるだろう。契約や経理にどの通貨を使うかということは企業にとって重要な決定であるから、あらゆる情報が金融情報紙で日々確実に供給されると同時に、発券銀行自身も一般の人々に情報を提供することが必要だ。さらに、機敏な対応を怠ったせいで通貨価値を維持できなかった不運な銀行家のニュースは、新聞がこぞって報道することになるだろう。また新聞は、さまざまな通貨の交換比率のほか、読者が使うと予想される通貨それぞれについて、商品バスケットで示される公示基準値からの乖離も、表形式で毎日報道するだろう。その表は、おそらく表1に示すような形になると予想さ

表1　通貨の基準値からの乖離を示す表の例　（単位%）

通貨名	公示基準値からの乖離	本紙試算基準値からの乖離
ダガット(SGB)	−0.04	−0.04
フロリン(FNB)	−0.02	−0.04
メンガー(WK)	+0.10	+0.10
ピアストル(DBS)	−0.06	−1.12
レアル(CNB)	**−1.02**	**−1.01**
シェケル(ORT)	−0.45	−0.45
タレント(OTBC)	+0.26	+0.02

れる（表中の通貨名のあとに表記されているアルファベットは発券銀行の頭文字である）。表中の太字で示されているのは、実質価値が新聞社の定める許容範囲を下回った通貨である。銀行家にとって、自分の発行した通貨の相場が太字で示されるのを見るのは、じつにいやなことにちがいない。

三つの問題

本章では、民間発券銀行間の競争はおおよそこのようになるだろう、ということを説明した。この概要説明は、今後くわしく検討する以下の問題に対して私が考えた答を前提にしている。

第一に、既存通貨とは異なる通貨を発行して競争する民間銀行は、供給量を調節することで通貨の価値を維持し、他の通貨にまさる魅力を人々に示すことができるのか。競争する発券銀行同士は、その運営方針によって他の銀行を妨害することがどの程度可能か。

第二に、複数の銀行が独自の通貨を発行し、公示基準値にしたがい価値を一定に維持すると発表した場合（さらにその能力を実証した場合）、人々は通貨のどの利点（または属性）を重視するか。

第三に、ある通貨を多くの人が好む場合、その通貨は全員にとって使いやすいものとなるか。この問題は最後に挙げたが、前の二点に劣らず重要である。大勢の人が選ぶ通貨は当然全員にとって好ましいと思うかもしれないが、必ずしもそうとは言えない。大勢が使う通貨が成功するかどうかは、少数派が使う通貨にも影響される。大勢の人が特定の通貨を使うことで得られる便益は、その通貨が全面的に使用されることになった場合の混乱によって打ち消され、不利益のほうが上回ることがあり得る。さしあたりこのことが問題になるとは思わないが、検討する必要はあろう。

異なる通貨間の相互作用をさらに深く論じる前に、一章を割いて以下の点を明確にしておきたい。貨幣あるいは通貨とは何か、また貨幣や通貨の種類が異なるとはどういう意味か、またそれらは互いにどのような点がちがうのか、という点である。

第10章 閑話休題——貨幣の定義について

A DIGRESSION ON THE DEFINITION OF MONEY

貨幣は、一般に通用する唯一の交換手段として定義されることが多い*。だが、ある社会において一般に（すくなくとも広範囲で）通用する貨幣が一種類でなければならないという理由は何もない。私がかつて数年ほど住んでいたオーストリアの国境の町では、商店主や大方の事業経営者は、オーストリアシリングと同様にドイツマルクも快く受け取っていた。法律が禁じていたのは、ザルツブルクにあるドイツの銀行がドイツマルクで事業を行うことだけである（もちろん国境の数マイル先ではドイツマルクで事業を行っている）。主にドイツ人がひんぱんに訪れるオーストリアの観光地でも同様の現象が見られた。大方の観光地では、ドルもドイツマルクと同じようにすんなり受け取ってもらえる。アメリカとカナダあるいはアメリカとメキシコの長い国境線の両側でも、おそらくは他の多くの国境地帯でも、これとあまり変わらない状況が見られるのではないかと思う。

こうした地域では、誰もがその時点の交換レートでさまざまな貨幣を受け取る用意があると考えられる。だが直接的な取引以外にも、手元現金として保有したり、繰延払い契約を結んだり、口座に払い込んだりするためにさまざまな貨幣を使ってもいいはずだ。どの貨幣の供給量の変化に対しても、社会は同じように反応するだろう。

本書で言う異なる種類の貨幣とは、異なる名称を持ち、その相対価値が互いに変動するような貨幣のことである。価値が変動することをここで強調するのは、交換手段としての貨幣が互いに異なる点は価値だけではないからだ。異なる種類の貨幣は、たとえ同じ単位で表記されていても、通用する度合い（すなわち流動性――この性質を備えているからこそ貨幣は貨幣足りうる）もちがえば、よく使う人々の集団もちがう可能性がある。このように異なる種類の貨幣は、さまざまな面でちがっていることがあり得る。

貨幣と貨幣でないものとの間に明確な区別はない

貨幣と貨幣でないものとの間には明確な一線が引かれているとふつうは考えられており、法律も一般にそうした区別を定めている。だが貨幣的現象の原因となるという点に関する限り、貨幣と貨幣でないものとの間に厳密な区別はない。実際には、貨幣から貨幣でないものにいたるまで、流通の度合いがちがい、価値が個別に変動し、貨幣の役割を果たす度合いもそれぞれに異なるモノが連続体を構成しているのである。**

　貨幣が名詞で表現されるのは不幸なことであり、それを学生に教えておくほうがよいと

*この定義を確立したのはメンガーである（Carl Menger [43]）。この著作を以て、貨幣または貨幣価値は国家が生み出すものだという中世以来の考え方は最終的に放棄されたはずである。ヴィセリングによると、古代の中国人は貨幣の概念を文字通り「流通する商品」という言葉で表していたという（Vissering [61], p. 9）。貨幣とは最も流動性の高い資産であるという現在広く使われている表現も、結局のところ同じ意味である（すでに一九〇一年に Carlile [8] が指摘している）。モノが貨幣となるために果たさなければならない唯一の機能は、交換手段として広く受け入れられることである。もっとも、交換手段として広く通用するためには、価値の尺度となる、価値の貯蔵手段となる、繰り延べ払いの基準単位となるといった追加的な機能も一般に求められるだろう。なお、貨幣を「決済手段」と定義することは、完全に循環論法となる。なぜならこの定義は、貨幣で表現された債務を前提にしているからだ。以下を参照されたい。L. v. Mises [45], pp. 34ff.

　貨幣を広く受け入れられる交換手段と定義したからと言って、一国の領土内であっても、他のあらゆる貨幣を圧して広く受け入れられる一種類の貨幣が存在しなければならない、ということはない。等しく受け入れられる複数の貨幣が存在することはあり得る（それらは通貨と呼ぶほうがよいだろう）。とりわけ、ある通貨を事前にわかっている交換比率（ただしこの比率は変動する）で他の通貨とかんたんに交換できる状況では、そう言える。

**J. R. Hicks [33] を参照されたい。

常々考えている。「貨幣」という言葉が形容詞であって、さまざまなモノが異なる度合いで備えている性質を表すことができたなら、貨幣的現象をよりよく説明できただろう。この観点からすれば、貨幣より「通貨（currency）」という言葉のほうがふさわしい。というのも貨幣として受け入れられるさまざまなモノは、地域や集団ごとにさまざまな度合いで「通用する（have currency）」するからである。

見かけの厳密さ、統計的計測、科学的真理

だが明確な区別はないとなると、経済活動という曖昧模糊とした現象を説明しようとするときにしばしば行き当たる困難にここで直面することになる。きわめて複雑な相互作用は、よほど単純化しないとうまく説明できない。そこで、さまざまな財の属性に重なり合う部分があっても、それらの間に便宜的に明確な区別を設けようとする。財とサービス、消費財と資本財、耐久財と単用財、再生可能財と再生不能財、多目的財と単一目的財、代替財と補完財といったものを峻別しようとするのは、まさにこれとよく似た状況だ。たしかにこうした区別は重要ではある。だが見かけの厳密さを追求するあまり、それらを計測可能な量を持つものとして扱うなら、重大な誤解を招きかねない。このような単純化はときに必要ではあるかもしれないが、つ

ねに危険を孕んでおり、多くの誤りを経済学に持ち込んできた。財のちがいに重要な意味があるとしても、それらを疑問の余地なくきっぱりと二つまたはそれ以上のグループに分類できるわけではない。にもかかわらず分類が行われ、分類法はまちがいなく正しいかのように主張される。だがその分類を鵜呑みにすれば、議論の道筋を誤り、まったくまちがった結論にたどり着きかねない。**

法的擬制と経済理論

同様に、「これこれを〝貨幣〟と呼ぶものとする」という具合に、貨幣とそれ以外の物とをはっきり区別する法的擬制（みなし規定）も、貨幣的現象の特徴に関する限り、正しくない。そ

*この理由からフリッツ・マハループは「貨幣性」と「準貨幣性」について述べたことがある。F. Machlup [39], p. 225を参照されたい。

**このような分類をすることは、統計学者にはとくに心地よい習慣らしい。彼らの技術の応用は、分類の活用に依存することが多いからだ。経済学においては、統計的に検証可能な理論のみを受け入れる傾向が一般的だ。その結果、貨幣数量説など真理に近いものがいくつか得られたことは事実だが、そうした学説は過大評価されてきたと言わざるを得ない。本書で論じる問題に関しては、数式化された経済理論の大半は役に立たない。議論の対象を数学的に処理するために現実の世界に存在しない明確な区別を設けることは、経済学をより科学的にするどころか、むしろより非科学的にしているのである。

もそも法的擬制は弁護士や裁判官の仕事をやりやすくするために導入されたものである。この擬制は、ある種の目的には政府が発行した貨幣以外は使用できないとか、国家において「貨幣」と呼び得るものはただ一種類でなければならないといった要求に結びつく点で、多くの害悪をもたらしてきた。また擬制は、後段で述べるように、貨幣価値を説明する経済理論の発展を促す役割も果たしたが、そうした理論は、単純化された仮定の下ではいくらか有用な近似的説明を与えてくれるものの、ここで検討すべき問題については何の役にも立たない。

以下の議論では、次の点をぜひとも忘れないでほしい。異なる種類の貨幣は、通用する度合い（すなわち流動性）と価値の予想されるふるまい（安定性または変動性）の二点で互いに異なる可能性がある、ということだ。この二つの属性は別個のものだが、まったく無関係というわけではない。価値の安定性に関する予想次第でその貨幣の流動性に影響が出るからだ。また短期的には、流動性の高いほうが価値の安定より重要だということもあるだろうし、安定した通貨の通用範囲が、何らかの理由で一定範囲に限定されることもあるだろう。

用語の意味と定義

本書でひんぱんに登場する他の用語についても、ここで意味を明確に説明しておくのがよいだろう。本書の扱う問題に関しては、「貨幣（money）」よりも「通貨（currency）」を使うほうが適切であることがあきらかになった。後者のほうが複数形にしやすいことに加え、すでに述べたように、「通貨」という言葉はある種の属性を強調できるからだ。なお本書では、「通貨」の本来の意味とはいくらか矛盾するかもしれないが、紙幣をはじめとする現金だけでなく、銀行の当座預金残高や、小切手の用途の大半に充当できるような交換手段も「通貨」に含めることにする。ただしすでに指摘したとおり、貨幣と貨幣でないものとを厳密に区別する必要はない。読者は、貨幣として通用する度合いが異なる一連の品物をイメージするとよい。末端に近づくにつれて通用度はどんどん下がり、最後はあきらかに貨幣ではなくなる。

本書では、通貨を発行する機関を単に「銀行」と呼ぶが、すべての銀行が通貨を発行するわけではないことをお断りしておく。「交換比率」という言葉は本書では通貨同士を交換する際の比率を意味し、「通貨取引所」という言葉は証券取引所と同じく通貨取引のために組織された市場を指す。またときに、「貨幣代用物」という言葉も使う。この言葉は、流動性の点でボーダーラインにあるようなトラベラーズチェック、クレジットカード、当座借越などを考える場合に使う。人によっては、これらは通貨供給量に含めないかもしれない。

第11章 競争通貨の価値はコントロールできるか

THE POSSIBILITY OF CONTROLLING THE VALUE OF A COMPETITIVE CURRENCY

競争する通貨の発行者が利用者にアピールすべき第一の長所は、価値が安定的に維持される（最低でも予測可能なふるまいをする）ことである。人々がどのような安定性を好むかという問題は次章で論じることにして、ここでは、似たような通貨を発行する他行と競争する発券銀行には、発行通貨の供給量をコントロールする能力があるかどうかを問題にしたい。というのも、市場では供給量次第で価値が決まるからである。

もちろん、人々がある通貨を買う、あるいは借りるときに考慮するのは、価値だけではなかろう。だが人々がその通貨をどれほど保有したいかを左右する決定的な要因は、予想価値だと考えられる。そして発券銀行は、発行通貨の価値を左右するのは、人々がそれを保有したいと思ってくれるかどうかだということにすぐに気づくはずだ。一見すると、ある通貨の独占的発行者は当然その供給量を完全にコントロールでき、したがって価値を決定できると思えるかもしれない（すくなくともその価値で買ってくれる人がいる限りは）。だがいま仮に、発券銀行の目的は自行発行通貨が連動する商品バスケットの当該通貨建て合計価格を一定に保つことだと仮定すると、通貨供給量を調節するに当たっては、この合計価格の上下動いずれにも対応しなければならないことになる。

通貨取引と短期貸し出しによる調節

発券銀行は、二つの方法で自行の発行通貨の供給量を調節することができる。一つは他の通貨（または証券または商品）と引き換えに発行通貨を売るまたは買うこと、もう一つは貸し出しを拡大または縮小することである。発行通貨の供給量をつねに調節できるようにしておくためには、だいたいにおいて貸し出しを比較的短期の契約にしておくのがよいだろう。そうすれば、新規貸出を減らすか一時的に停止するだけで、貸出残高の返済を通じて供給量は急速に減るはずだ。

発行通貨の価値を一定に保つうえでは、次の点にとくに注意しなければならない。それは、人々が保有したいと思う量の合計以上に供給量を増やせば、必ずその通貨の支出が拡大し、その通貨建ての商品価格が押し上げられることである。かといってそれ以下に供給量を減らせば、必ずその通貨の支出は縮小し、価格が押し下げられることになる。とはいえ実際には、発行通貨の価値を維持する基準となる商品バスケットの構成品目の多く、いや大半は、現時点で他の通貨建てで取引され、表示されている（とくに第13章に示すように原材料の価格や食品の卸売価格であれば、なおのことだ）。よって発券銀行は、自行発行通貨の供給量の変化が他通貨建ての商品に直接与える影響を気にする必要はあまりない。それよりも、商品の価格表示に使われる他の通貨との交換比率に注意すべきだろう。自行の発行通貨と他通貨との交換比率を適切に維持する（このとき他の通貨間の交換比率も考慮する必要がある）のは複雑な作業だが、コンピュータがほとんど瞬時に計算してくれるはずだ。だから銀行は、供給量を増やす必要があるのか減らす必要があるのかを時々刻々と知ることができる。ただちに調節が必要な場合には、通貨取引所で売る、または買うべきだろう。だが持続的な効果が得られるのは、貸し出しの調節だけである。

★日々の発行方針

ここでは、発券銀行が自行の発行通貨を基準値に安定的に維持するために何をすべきかをくわしく述べる。銀行の貸出方針（および通貨取引所における通貨の売買方針）の下で日々下す決定は、コンピュータがはじき出す計算結果に基づくことになる。コンピュータには、商品価格および交換比率に関する最新情報を入手次第入力する。コンピュータが行う計算の内容をかんたんに示したのが表2である（なおここでは、中央市場から商品を運ぶ輸送費やさまざまな輸送関連費用の問題は無視した）。

　表の中で最も重要な情報は、右下欄に表れる数字である。いまこの数字が一〇〇〇になっ

表2　通貨価値の安定化スキーム

商品名	数量	通貨	価格	交換比率	ダカット建て価格
アルミ	xトン	$	・	・	・
牛肉	・	£	・	・	・
樟脳	・	ダカット	―	―	・
ココア	・	・	・	・	・
コーヒー	・	・	・	・	・
石炭	・	・	・	・	・
コークス	・	・	・	・	・
銅	・	・	・		・
コプラ	・	・	・	・	・
トウモロコシ	・	ダカット	―	―	・
その他	・	・	・	・	・
					合計　1,000

ているのは、基準日における商品バスケットのダカット建て合計額が一〇〇〇になるようにバスケット構成品目の数量が選ばれたこと、すなわちつねに一〇〇〇を基準値として用いることを意味する。この数字とその時々刻々の変化が、銀行幹部に何をすべきかを知らせるシグナルの役割を果たすことになる。コンピュータの画面上に一〇〇二と表示されたら、いくらか引き締める必要があるということだ。したがって貸し出しを縮小する、貸出先の選別を厳格化する、他通貨を売ってダカットを買う、などの措置を講じる。画面上に九九七と表示されたら、逆にいくらか緩め、貸し出しを拡大する必要があるということになる（会長室にある専用コンピュータには、部下のうち誰がこうした操作を機敏に行っているのかも表示されるはずだ）。ダカットの通貨供給量の増減が商品価格におよぼす影響は、商品取引で主に使われる通貨との交換比率を通じた間接的なものとなる。直接的な影響が表れるのは、主にダカット建てで取引される商品の価格だけである。

このシグナルは、通貨取引にも作用することになろう。銀行が基準値からの乖離を是正するためにすばやく効果的に対処することがよく知られているなら、シグナルは銀行の努力を助ける働きをするはずだ。すなわち、ダカットの価値が基準値を下回っているとき（たとえば表示が一〇〇二）は、銀行の対応により増価が見込まれるので、ダカットの需要が増える。ダカットの価値が基準値を上回っているとき（たとえば表示が九九七）は、銀行の対応により減価が見込まれるので、ダカットの需要は減る。こうした方針が一貫して実行されるなら、商品バスケットの基準値に対する変動幅は、ごく狭い範囲に収まるはずである。

★★

決定的な要因：保有のための需要

人々の通貨保有欲ひいては銀行の通貨発行事業そのものは、通貨価値が安定的に維持されるかどうかに懸かっている。この点を銀行がよくわきまえているならば、直接的に、あるいは他通貨を介して間接的に、通貨供給量を調節して価値を安定させなければならない。それは十分に可能なはずだ。通貨供給量がかなりの水準に達し、しかも増え続けている場合、決定的な要因となるのはその通貨の借入需要ではなく保有需要だということを銀行は忘れてはならない。不注意に通貨発行高を増やせば、保有需要を上回り、還流が増えることになりかねない。

すでに述べたように、新聞は発券銀行の供給調節の結果をつねに注視し、各通貨がそれぞれの基準値からどの程度乖離しているかを日々報じる。発券銀行の立場からすれば、上下方向の乖離に関して小幅の許容範囲または基準を予め公表しておくことが望ましい。こうしておけば、銀行が交換比率（またはその通貨建ての商品価格）を直ちに基準に戻す能力と決意を示す限りにおいて、銀行があわてて通貨を安定させる手だてを講じなくても、思惑が同じ役割を果たしてくれるだろう。

銀行が通貨価値を望ましい水準に維持できている限りにおいて、価値維持のために通貨供給量を急激に縮小する必要に迫られる事態は考えにくい。過去にそのような事態に立ち至った原因の多くは、流動性の高い現金需要は増大したものの、現金以外も含めた総需要は縮小したことにあった。銀行は総需要に合わせて発行残高の圧縮を迫られたわけである。銀行の貸し出しが短期中心であれば、通常の返済を通じて供給量は急速に圧縮できるはずだ。このように競争するすべての銀行が、発行通貨の価値をほぼ一定にする目的で供給量を調節するなら、価値の安定は容易だと思われる。

競争は制度を破壊するか

競争する銀行の一つが、貸出金利を下げるとか、信用貸しを提供するとか、さらには他行発行通貨建ての手形の引き受けを提供するといった便益を申し出て競争で優位に立とうとしたら、どうなるだろうか。こうした試みは、発券銀行による通貨価値のコントロールを甚だしく妨げるだろうか。

当然ながらどの銀行も、競争相手より低い金利で貸し出して通貨の供給量を増やしたいという誘惑に駆られるだろう。だが追加的な貸し出しが預金の増加と見合っていない限り、必ずや過剰に増発した銀行にすぐに跳ね返り、苦しめることになる。なるほど人々は、低利で貸してくれるという通貨を借りることには熱心だろう。だがさまざまな報道や市場の様子からすぐにその通貨の発行量が増えた（したがって早晩価値が下がる）ことを知り、流動資産の大半をその通貨で保有することはいやがるにちがいない。

増発された通貨が予めわかっている交換比率で他の通貨とほぼ即時に交換できる限りにおいて、相互に交換可能な通貨建てで表示された商品の相対価格に大きな変動はないはずだ。商品取引市場でも、交換可能な通貨建ての商品価格（需要の大部分が増発通貨建ての地域では、すべての通貨建ての価格）が他の通貨建ての価格に対して上昇する程度だろう。だが通貨取引所では、決定的な出来事が起きるはずだ。

増発された通貨は、広く用いられている交換比率では、人々が日常的に保有する通貨の合計に占める割合が増えることになる。とくに、金利の高い他の通貨建ての債務を抱える人はこぞって、その返済に充当するために低利の通貨を借りようとするだろう。また貸出金利を下げていない銀行は、受け取った通貨をすべて直ちに発券銀行へ持ち込み他の通貨と交換しようとするだろう。こうして通貨取引所では増発通貨が顕著に供給過剰となり、その価値は他通貨に対して急落するはずだ。さらに、通常は他の通貨建てで表示される商品価格をこの増発通貨建てに換算する場合には、下落後の交換比率が適用されることになる。一方、通常はこの増発通貨建てだった商品の価格はただちに高騰するはずだ。増発通貨が取引所で下落したうえ、増発通貨建ての商品価格が高騰したとなれば、この通貨を保有していた人は急いで他通貨に切り替えたくなるだろう。となれば、増発通貨に対する需要は激減する。これは、低利での貸し出しによる一時的な利益を打ち消してなお打撃となるにちがいない。それでもなおその銀行が低利での貸し出しを続けるなら、増発通貨からの全面的な逃避が始まる。そうなれば通貨取引所ではこの通貨は投げ売りされるはずだ。よって、次のように断言することができる。銀行がその発行通貨の過剰な増発によって他通貨の実質価値を押し下げることは、不可能である。他通貨の発券銀行が、一時的に供給量を絞ってこの試みに対抗する用意があるなら、なおのことだ。

寄生的な通貨の出現は原発券銀行の邪魔になるか

よりむずかしいのは、寄生的な通貨が出現したらどうなるか、という問題である。この問題の答ははっきりしない。なおここで「寄生的」と言うのは、原発券銀行の通貨建てで当座預金口座を開設し、その通貨自体（銀行券）をも発行する他の銀行が、原発券銀行に上乗せする形で信用供給を行うことを意味する。こうした事態になったら、原発券銀行がその発行通貨の価値を維持することは困難になるだろうか。寄生通貨建ての債務が原発券銀行の通貨で返済されるものと明記されている場合、それを法律で阻止できるのか、あるいは阻止すべきなのかは容易には判断しがたい。

すべての銀行が自前の通貨を発行したがるわけではないし、発行できるわけでもなかろう。発行しなかった銀行は、他行の発行した通貨建ての預金を受け入れ、信用を許与するほかない。となれば、市中に出回っている中で最良の通貨を選びたいだろう。原発券銀行にとっては自行の発行通貨建ての小切手振り出し用の口座を維持できればよく、それ以上の紙幣が発行されることは好ましくないが、だからと言ってそれを阻止することは望むまい。もちろん後発銀行が発行した紙幣には、商標権を持つ原発券銀行の原発ダカットではなく、ダカットの請求権に過ぎないことを明示しなければならない。さもないと単なる偽造になってしまう。

それでも、ブランドネームや商標に関する通常の法的保護でもって、紙幣の形をとった請求権の発行を阻止できるかどうかははっきりしないし、阻止することが望ましいかどうかも疑わしい。請求権としての紙幣と当座預金証書との間に本質的なちがいはないのだから、なおのことである。後者については、原発券銀行でさえおそらく阻止は望まないだろう。

原発券銀行がすべきであり、且つできることは、政府が犯してきた失敗を繰り返さないことだ。政府の失敗を繰り返せば、寄生的な通貨すなわち後発の通貨を抑制する能力を失うことになる。まず原発券銀行は、後発銀行が債務返済に必要とする現金（すなわち原発ダカット）を供給してやって後発銀行を助けてやるつもりはないことをはっきりさせなければならない。政府はこの罠にはまり、貨幣の独占発行権はきわめて望ましくないやり方で骨抜きにされた（政府は低利の資金を求める絶え間ない圧力に屈し、銀行の急増に応えるべく資金を供給し、流動性を確保して銀行を支援した。その結果、貨幣の総量を誰も制御できなくなった。そう考えれば、政府と銀行は本位貨幣の供給量のコントロールについてともに責任がある）。これについては第16章でくわしく述べる。

民間通貨の発行に伴って生じうる寄生的通貨という重大な問題に対する答は、おそらくこうだ。原発券銀行は、自行の発行通貨と同じ名称の預金証書や紙幣という形で寄生的通貨が出回ることを容認せざるを得まい。ただしその流通を助けてはならない。寄生的通貨建て債務の返済に必要な紙幣を供給するつもりはないこと、「現金」すなわち他通貨との交換にのみ応じることを予め表明して、寄生的通貨の流通を制限すべきである。この原則を厳守するならば、原発券銀行は後発銀行に対し、「一〇〇％準備」に近い慣行を強いることになる。それでも準備不足の寄生的通貨が出回る限り、原発券銀行の通貨価値安定策は寄生的通貨の価値をも保証することになり、その継続的流通を容認することになろう。すると、原発券銀行の通貨の流通ひいては利益が減るかもしれない。だがそれで、原発券銀行の通貨価値を維持する能力が深刻に損なわれるとは考えにくい。

★原発券銀行が発行通貨の価値を維持するためには、寄生的通貨（または自行の発行通貨と同じ価値を持つと申し立てられた他の通貨）が過剰発行された場合の影響を見越しておく必要がある。そして、それらの通貨建ての商品価格の上昇などの形で通貨価値の下落があきらかになる前であっても、額面価格での買い取りを断固拒否することだ。このように発券銀行が行う他通貨との取引は、他通貨の購買力に認められた変化のみを手がかりとする純粋に機械的な取引（一定価格での売買など）ではない。また他通貨を買う際に、その時点でのその通貨の購買力（標準的な商品バスケットの合計額でみて）に見合う交換比率を必ず適用するとは約束しない。機械的な取引でないということは、発行通貨の短期的な安定性を効果的に防衛するためにはかなりの判断力が必要になることを意味する。通貨発行事業では他通貨の価値の動向を予測し、ある程度はそれを踏まえて運営しなければならない。

★
★

第12章 どんな通貨が選ばれるのか

WHICH SORT OF CURRENCY WOULD THE PUBLIC SELECT?

競争するいくつもの民間通貨の中から、人々は政府が発行するものよりよい通貨を選ぶはずだ。これが私の主張であるから、その選択が行われる過程と基準をここで検討しておかねばなるまい。

競争通貨という問題に関して、現時点では誰も経験的な知識をほとんど持ち合わせていない。人々に（アンケート調査でもやって）質問してみてもあまり役には立つまい。そんな状況に置かれたことがないので、大半の人は自分がどうするか考えたこともなければ想像したこともないからだ。何かできるとすれば、人々が貨幣を求める目的や類似の状況での行動パターンに関する一般的な知識に基づいて、個人の決定はこうなるだろう、と推定することぐらいである。

これは結局のところ、大方の経済理論が組み立てられ結論にたどり着くまでの手続きそのものだ。結論は追って経験によって確認されることになる。言うまでもなく、新しい状況に直面した人々がただちに合理的に行動するとは考えられない。だが、人々が鋭い洞察力を備えていないとしても、経験や成功例の模倣を通じて、どう行動すれば自己利益に適うかをすぐに学ぶにちがいない。* ここで提案するような大きな変革は、初めは不確実性と混乱をもたらすかもしれない。だが、合理的に考えれば到達するはずの結論に人々が早晩気づくと信じてよかろう。ただしこの過程が遅いか早いかは国によってちがうと考えられる。**

貨幣の四つの用途

何種類かの通貨から選ぶ場合、選択に影響をおよぼす用途は四つある。第一は財やサービスを現金で買うこと、第二は将来の必要に備えてとっておくこと、第三は繰延払い契約の基準通貨として使うこと、第四は経理などの計算単位として使うことだ。この四つを異なる「機能」として扱うことが一般的だが、適切とは言いがたい。というのもこれらの用途は、実際には交換手段という貨幣の基本機能の帰結に過ぎないからだ。この四つが切り離されるのは、交換手段としての価値が急速に下落するなど例外的な状況になったときだけである。

これらの用途ごとに異なる属性が望ましいと感じられるかもしれない。だが実際には、貨幣は計算単位として使われるからこそ、価値の安定が何よりも望まれるのである。この意味で、四つの用途は相互に依存している。一見すると、日々の買い物に使うための利便性が貨幣を選ぶ第一条件になりそうだが、決め手となる属性は計算単位としての適格性だと私は考えている。

一　現金で買い物をする

大多数の給与所得者にとって、通貨に関しておそらく最大の関心事は、給料が払われた通貨で日々の買い物ができること、どの店でも品物の値段がその通貨で表示されていることだと考えられる。商店主のほうは、どの通貨も予めわかっている交換比率で他の通貨と瞬時に交換できると承知している限りにおいて、どんな通貨で払われても、品物の値段と見

＊C. Menger［43］を参照されたい。「人々が自己の経済的利益を知るのに最善の方法は、適切な手段を使って経済的成功を収めている人を観察することだ」

＊＊実業家の場合、過去の経験とくに過去五〇年ほどの経験に基づいて事業を行い将来を予測する。このため、ものの値段は継続的に上昇するものだという考えに慣れきっており、将来の物価が一定に保たれるということに気づくと最初は落胆するかもしれない。中には、徐々に減価する通貨での取引や経理を好む実業家もいるだろう。その可能性を見落とすわけにはいかない。それでも最終的には、安定通貨を選んだ実業家のほうが成功すると考えられる。

合っていればよろこんで受け取るはずだ。おそらく電子式のキャッシュレジスターが近い将来に開発され、どの通貨建てでも瞬時に価格を表示できるようになるだろう。またレジをコンピュータ経由で銀行と接続することも可能になると考えられる。そうなれば、店主は店用の口座で使う通貨に換算して売り上げを記帳できるだろう（現金の集金は毎日夕方に行う）。地元で二、三種類の通貨が流通している場合には、商品の値段を通貨ごとに見分けがつきやすいように表示する必要が出てくる。おそらく店主は、通貨別に値札の色を変えるなどして、客が他店との比較や通貨間の比較がしやすいように計らうことになろう。

二　将来の必要に備える

給与所得者は、給与を日常の支出に使う利便性のほかに、通貨の安定性にも関心があるだろう。住宅ローンや分割払い契約を抱えていれば、減価する通貨で目先の利益を得るにしても、報酬に関しては増価する通貨のほうが好ましく感じられるはずだ。

現金を持っている人、つまりすべての人は増価する通貨のほうを好むだろう。となれば、増価する通貨に対して強い需要があるはずだ。その一方で、増価する通貨で借りたら借り手にとって不利になるし、自行の発行通貨の価値を発行価格以上に維持しなければならない発券銀行にとってもうれしくない。増価する通貨が特定目的のために小量発行され使われることはあるにしても、そのような通貨が広く使われるとは考えにくい。将来のために保蔵する目的に関しては、債務の返済に使う通貨に需要は集中すると考えられる。

三　繰延払い契約に使う

繰延払い契約の基準通貨にするという場合には、両当事者の主たる便益はまっこうから対立することになる。債権者にとっては増価する通貨が好ましく、債務者にとっては減価する通貨が好ましい。だが債権者にせよ債務者にせよ立場はさまざまである。債権者には資本家のほかに給与所得者が含まれ、債務者には銀行、企業、農家などが含まれよう。よって、市場で増価する通貨または減価する通貨どちらか一方に需要が偏るとは思えない。短期的には、貸し手・借り手いずれも通貨価値の変動で損をしたり利益を得たりするだろう。そしてすぐに人々は、損にせよ得にせよ一時的なものであって、予想される価格動向に基づいて金利が調整されればたちどころに消滅することに気づくにちがいない。

四　計算単位として使う

価値の安定した通貨が広く好まれる決定的な要因は、このような通貨だけが現実に即した見積もりを可能にすることだと考えられる。したがって長期的には、安定通貨を選ぶことが生産や取引にとってよい選択だということになる。とくに会計においては、事業用の固定資本を正しく表示すること、真の正味利益だけを配分可能利益として表示することが重要だが、このことは計算単位としての通貨の価値がおおむね安定しているときにのみ可能になる。

貨幣価値が安定していないと見積もりや損益計算はうまく行えないことをさらに説明しようとすると、そもそも「貨幣価値」とは何か、どのようなとき貨幣価値は安定していると言えるのか、という問題が持ち上がる。この問題の検討は次章に譲るとして、ここではとりあえず、経験的な事実を確認するにとどめたい。それは、効果的な資本の維持とコスト管理が可能になるのは、許容可能な程度の安定性が保たれる計算単位で会計業務が行われる場合に限られる、ということである。

以上から、競争する通貨の中から選ぶのは、すくなくとも長期的には、通常の競争する品物の中から選ぶのと変わらないと言える。となれば、人々が模倣したがるような成功者の選んだ通貨が勝ち残るにちがいない。これを結論として、ひとまずこのテーマから離れることにする。

第13章 貨幣のどの価値が重要か

WHICH VALUE OF MONEY?

厳密に言えば、科学的な意味で完全に価値の安定した貨幣などというものは存在しない。いや、貨幣以外のものについてもそう言える。そもそも価値とは関係性であり、等しさの度合いであって、W・S・ジェヴォンズの言葉を借りるなら「比率を表す間接的な方法」でもある。* 価値を表すには、そのモノの量を指定し、それが別のモノの「同等の」量と価値が等しいというふうに別のモノを引き合いに出すほかない。二つのモノが互いに一定の相対価値を維持することはあり得るが、何か他のモノを参照せずに、これこれの価値は不変であると言ってもなにか意

＊「価値は二種類の商品を交換するときの比率を表すに過ぎず、この比率は基本的に変動する。よって、いかなる商品も二日連続で同じ価値を維持すると考えるべき理由はない」W. S. Jevons [34], p. 11. なお p. 68 も参照されたい。

味があるとは言えない。

たとえば「ビールの価値はビートの価値より安定している」といったことを人々は何の気なしによく口にする（これでもできるだけ注意深く言ったつもりなのだろう）。この発言の意味するところは、ビールと他の多くの財との相対価値すなわち交換比率は、ビートのそれよりも長期にわたって安定しているということだ。ただし、通常の財やサービスについて人々が最初に思い浮かべるのは、他の財との関係ではなく貨幣との関係である。そして「価値」という言葉を貨幣それ自体に使う場合には、多くの商品の価格が短期間で顕著に一方向に変化しないことや、ほとんど変化しないことを意味する。

安定した貨幣価値とは

だが自由市場ではつねに変動する価格がすくなくない。多くの価格が変動していても貨幣価値はほぼ一定だと感じるときもあれば、少数の主要商品の価格が変動しただけなのに、それが一方方向への変化だったために、貨幣価値があきらかに下がった（または上がった）と感じるときもある。個々の価格が絶えず変化する世界では、何をもって安定した貨幣価値と言えるのだろうか。

ある金額で買える商品の数が、大半の商品については減り、ごく少数の商品についてのみ増えたとしよう。この場合、おおざっぱに言って、その貨幣の購買力がおおむね下がったことはあきらかだ。一方、ある金額で買える商品の数が、おおよそ半分の商品については減り、残り半分の商品について増えるという具合に釣り合っていれば、購買力はおおむね一定だと言ってよい。しかし本書では、「安定した貨幣価値」についてもっと厳密な定義を必要とする。さらに、価値の安定がどのようなメリットをもたらすかについてもくわしく説明したい。

安定通貨では、中央値からの乖離は相殺される

すでに見てきたように、貨幣価値の変動が引き起こす混乱は、繰延払い契約や計算・会計の基本単位としての使用への影響を通じて広がっていく。繰延払い契約にせよ、計算・会計の基本単位にせよ、どの通貨を選ぶかの決定に際しては、将来の価格動向は個人には予測不能であるという動かしがたい事実と折り合いをつけなければならない（予測不能なのは、個人には知り得ない多くの未来の出来事のシグナルとして価格が機能するからである）。こうした不確実性に伴うリスクは、将来価格が現行価格から何パーセント乖離するにせよ、プラスマイナスどちらの方向にも同じだけ乖離するとの予測に基づいて計算できるのであれば、最小限に抑えることがで

きる。将来の変動幅の中央値を正しく推定できるのは、中央値がゼロの位置に来る場合だけだ。これは、あまり変動しない硬直的な財やサービスの価格に予想されるふるまいである（主に公共料金がそうだが、このほかに老舗銘柄や通信販売商品なども該当する）。

　将来価格の動向は二つのグラフで表すことができる。貨幣価値がうまく調整され、価格の適切な平均が一定であるなら、将来の価格動向は図1のようになる（企業はこれに基づいて事業計画を立てることになる）。この場合でも特定品目の将来価格の予測不能性がなお残るとしても（これは市場経済においては避けられない）、一般の人々に予見できない価格変動の影響は、長期的にはかなりの確率で打ち消されるはずである。すくなくとも価格変動の影響が一方方向への予測誤差を生じさせることはなくなり、全体として価格の継続性を想定した計算が成り立つと考えられる（もちろん、もっと正確な情報が別途入

図1　価格変動（前期比%）の分布
(a)物価が安定している場合

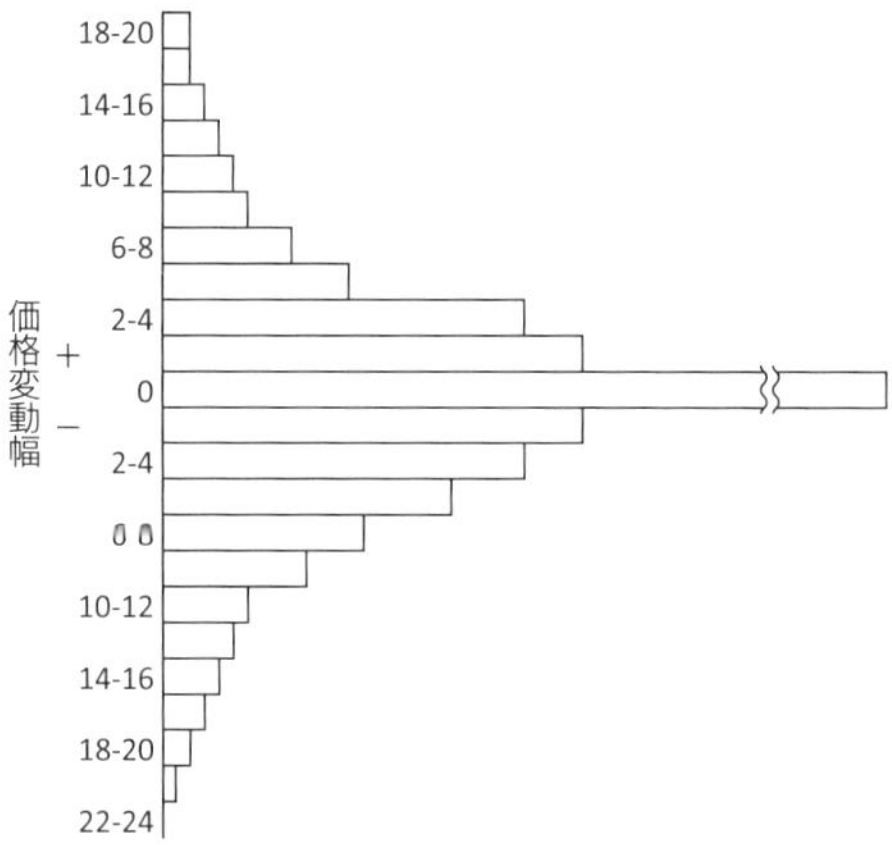

手できる場合は別である）。

個々の品目の異なる値動きの結果として平均価格が上がる場合には、図2のようになる。

この場合、企業は個別品目の価格動向についても、すべての変動の中央値についても、正確に予測する手がかりを失ってしまうため、既知の中央値（そこからの個別価格の動きが上振れ下振れいずれも同程度になるとされる数値）に基づく計算や意思決定ができなくなる。すると、正確な計算をすることも、資本や費用の会計を有効に行うことも不可能になる。この状況では、全般的な価格の趨勢をより正確に反映する計算単位がますます求められるようになるので、交換手段としては使えないような貨幣が計算単位として使われるケースも出てくるかもしれない。*

何が通貨の選択基準となるか

価格変動幅の分布がこのように一方方向に偏っ

図2　価格変動（前期比%）の分布
（b）物価が上昇している場合

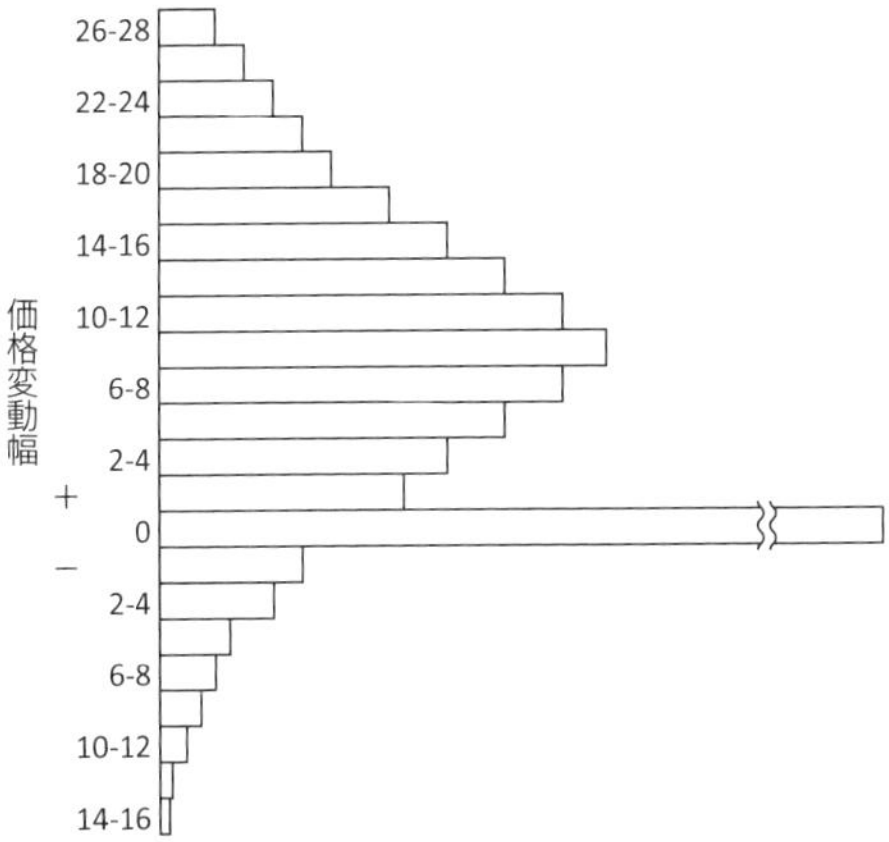

て変化する現象は、貨幣量の変化が原因と考えられる。その結果として予測や計算や会計が困難になるわけだ。この現象を、やはり同じ原因で引き起こされる相対価格構造の一時的な変化と混同してはならない。後者は生産の方向性を誤らせ、それはのちに不可避的に成長の鈍化、投資の損失、失業の増大を招くことになる。こうした問題を防ぐうえで貨幣価値の安定がいかに重要かについては第17章で論じる。この点が安定通貨の重要なメリットだと主張するつもりだが、おそらく使う側にとっては、これは選ぶ理由にはなるまい。どの通貨を選ぶか個人として決めるときに認識し考慮するのは、成長の鈍化を防げるなどということではなかろう。ただし、安定通貨が使われている地域で事業経営が円滑に行われているのを見て、他地域の人々もその通貨を選びたくなるということはあるかもしれない。いずれにせよ、自分が安定通貨を使ったとしても、成長鈍化などの要因から身を守れるわけではない。相対価格構造は競争するどの通貨にとっても同じだから、安定通貨と並行して変動する通貨がかなりの割合で使われる状況では、問題の発生は回避できないからだ。

では人々が商品を基準とする安定通貨を選ぶとしたら、それはどんな理由からだろうか。おそらく、安定通貨であれば中央値からの上下両方向への乖離が相殺されるので、価格動向に不可避的に伴う不確実性の影響を最小限に抑えられるという理由からだろう。だが中央値がゼロではなく何らかの数値に位置する場合には、相殺はされない。人々が何らかの通貨を選ぶのは、個人的に関心のある品目の価格に注目し、その通貨建てであれば値上がり・値下がりの可能性がほぼ同じだからだとしても、それだけでは、大方の人が一定であってほしいと望む品目が何なのかはわからない。どのような品目の価格に関心があるかは、個人や企業によって当然異なるからだ。そして、個人別あるいは企業別に関心のある商品をとりまとめてバスケットを形成したら、各バスケットの合計価格は言うまでもなく異なる値動きをするだろう。

＊価格変動のばらつきを表す曲線は、対数目盛りを用いて表示すれば、価値尺度として貨幣を用いても商品を用いても同じ形になるはずだ（この曲線は、ある時期に前期比で上昇または下落した価格で実現した取引すべてについて、その変化の度合い（％）をプロットすることで得られる）。商品本位制において、最も下落幅の大きかった商品が本位商品だった場合には、すべての価格は上昇したように見えることになる。しかし他の商品価格と比べた相対価格の上昇率は、価値尺度に何を用いても、たとえば五〇％というふうに表されるはずだ。おそらく得られるのは一般的な正規分布曲線（ガウス曲線）になるだろう。最頻値からのプラスマイナス両方向への偶発的な偏差は互いに打ち消し合い、且つ偏差が大きくなるほど頻度が下がると予想される（ほとんどの価格変動は、一部の商品価格の下落と他の商品価格の上昇に伴う需要のシフトが原因で起きると考えられる。この種の小幅の需要シフトは、大規模なシフトより頻繁に起きると見込まれる）。この意味で価値が安定した貨幣で表示された価格は、最頻値で代表する限りにおいて不変となる。その一方で、何らかのパーセンテージだけ値上がりまたは値下がりした価格で行われた取引の額は均衡するはずだ。よって、誤差は最小化される。個人にとっては必ずしもそうならないにしても、総額では最小化されることになる。実用的な指数ではここで仮定したことを完全には表現できないが、近似は可能と考えられる。

会計単位としての有効性がやはり決定因となる

おそらくここでも多くの人がまず考えるのは小売価格や生活費のことであり、この点から安定通貨を選ぶ消費者も大勢いるかもしれない。だがこのような基準で供給量を調節された通貨が広範囲で流通するとは考えにくい。生活費は場所によってちがううえ、異なるスピードで変化するからだ。一方、企業が好むのは多くの地域で通用する通貨にちがいない。市場に関する情報以上に価格の安定性に依存する企業にとって、計算や会計に際して何より重視するのは、広く取引されている生産物の価格である。たとえば主要な原料や農産物といった市況商品、ある種の標準化された半製品がそれに該当する。こうした生産物は常設の市場で取引され、価格が直ちに公表されるという利点がある。加えて、すくなくとも市況商品はさまざまな要因に対する感応度が高く、物価変動の徴候を早期に示すことが多いため、変動を食い止めるべく早めに手を打つことが可能だ。

★だから、原料価格の安定を直接の目的として発行量を調節するほうが、消費財価格の安定を目的とする場合より物価安定には効果的であり、結果的に消費財価格の安定にもつながるはずだ。通貨供給量の変化と消費財価格の変化の間には経験的に長いタイムラグがあることがわかっている。したがって消費財価格に変化が表れてから通貨の供給を調節したのでは、消費財価格の大幅変動は避けられない。これに対して原料の場合にはタイムラグが短いので、早期の徴候に対してすぐに予防措置を講じることが可能だ。

★★

給与所得者は、団体交渉に際して原料の平均価格あるいは類似の指標を基準にするのが有利だと気づくだろう。そうすれば、工業生産性の向上が自動的に給与に反映され、労働者に分配されることになるからだ（発展途上国の場合には、工業製品より原料の購入に有利な国際通貨も好むかもしれない。ただし発展途上国が個々の原料の価格安定を要求すれば、国際通貨を選んでも意味はない）。以上さまざまな理由から、原料価格を基準に価値を安定させる通貨が最終的に選ばれると信じる。そのような安定通貨の導入こそが、経済活動全般の安定化を実現するうえで、現時点で望みうる最短のアプローチなのである。

国際的には卸売商品価格が通貨価値の基準となる

少なくとも現在の国境を越えるかなり広い地域で、卸売商品価格の標準的なセットを通貨価値の基準とすることが受け入れられると考えている。いくつかの銀行はこの方式でそれぞれに名称の異なる通貨を発行し、広い流通圏を確保するだろう。通貨同士の交換比率はおおむね一定と見込まれる。発券銀行は、自行の発行通貨が基準とする商品バスケットの構成を適正化し、その価格を一定に維持しようと努力を続けるはずだ。* とは言えこうした微調整によって、その地域で流通する主要通貨の相対価値が大きく変動することはあるまい。商品バスケット構成の異なる複数の通貨の流通圏が重なり合うことは当然あり得る。ある種の生活様式や主要産業にとって重要な商品群を基準とする通貨は、他の通貨に対して相対的に変動幅が大きくなるかもしれない。それでも、特定の習慣や職業を持つ人々の間で一定の根強い支持を維持するはずだ。

＊それどころか互いの意地の張り合いで、現実にはほとんどメリットが感じられないほどまで安定化させる技術を磨くにちがいない。

第14章 貨幣数量説が無用であることについて

貨幣理論では通常、貨幣の種類はただ一つと想定される。よって、完全な貨幣と貨幣代用物の間に明確な区別を設けていない。だが本書の提案においては、この仮定は成り立たない。また貨幣数量説は、貨幣価値の決定に関する理論的な説明としてはましな方ではあるが、やはり本書が提案する制度には当てはまらない*。

貨幣数量説では、ある領土内で流通する貨幣は一種類のみであるから、その均一の単位を

*とは言え私は四五年前に書いたことを改めて主張したい。「……もし一般の人々が貨幣数量説の基本的な命題を疑ってかかるようなことがあれば、それは現実的な観点からは経済学者にとって最悪の事態の一つとなるだろう」。Hayek [24], p. 3.

数えれば貨幣量が確認できることが前提になっている。だがある地域内で複数の通貨が流通し、通貨同士の相対価値が固定されていない場合には、流通している総量は複数の通貨の相対価値から導き出すほかなく、相対価値と切り離したら意味がなくなる。このように特定の状況でのみ成り立つ理論は、たとえその状況がたまたま長続きしたとしても、重大な欠陥を抱えていることはあきらかだ。そもそも、ある領土内では一種類の貨幣のみが存在すべきだということは、当然の前提だと思いがちだが、実際にはけっして貨幣の本質ではない。多くの場合、政府が他の通貨の使用を禁じるから当然の前提になったに過ぎない。その場合でも、多様な貨幣や流動性の異なる貨幣代用物に対する需要がつねにさまざまな度合いで存在するのだから、一種類の貨幣のみが存在すべきだとは言えまい。

これに対して、複数の通貨発行者がより多くの利用者を求めて互いに競争する場合には、経済全体に供給された貨幣の総量（マネーストック）がほぼ一定になるという意味でおおむね一定の貨幣需要が存在するとは仮定できないし、人口規模、国民総生産その他類似の指標から予想可能な変化をするとも言えない（一方、貨幣数量説では、単一の貨幣に関してならそう仮定してもまちがいではない）。

現金残高数量説

本書で論じる問題には、単一通貨を前提とする貨幣数量説よりもっと広く適用できるようなものが必要である。幸いにも、それは理論の形で存在する。カール・メンガー、レオン・ワルラス、アルフレッド・マーシャルが発展させた現金残高数量説がそれだ。この理論はここで扱うより単純な状況にも対応できる。現金残高数量説は「貨幣量」の変化が一般物価水準におよぼす最終的な影響を説明できるだけでなく、数種類の貨幣の供給量の変化がさまざまな価格におよぼす逐次的な影響も説明できる。また、貨幣数量説のような見かけの正確性には欠けるものの、より適用範囲が広く、且つ個人の貨幣選好も考慮した分析が可能になる。

複数通貨が共存する場合には、貨幣需要を一つの量として捉えることはできない。この点はきわめて重要である。通貨ごとの需要は存在しても、それぞれの通貨は完全には代替的ではないから、個別の需要を単純に足し合わせることはできないのである。減価する通貨には需要はほとんどない一方で、供給は多いはずだ。安定した通貨では需要と供給は釣り合うと期待する（だからこそ価値の安定が維持される）。そして増価する通貨には需要は多い一方で、供給は乏しいはずだ。だが通貨の自由市場が存在する限りにおいて、人々は通貨を（なんらかの価格で）売ることはしても、保有はしまい。またある通貨に対する需要は、どんな通貨がその代わりになりうるかということによって左右される。こうした状況では、需要にせよ何にせよ、貨幣価値を決定づけるような単一の量は存在しない。

流通速度と現金残高

貨幣数量説に関して、現金残高需要に着目した分析と流通速度に着目した分析は形式的には等しいと主張することは可能だ。だが両者のちがいは重要である。現金残高数量説では、重要な要素として、現金を手元に置きたいという個人の願望に注意を払っている。一方、流通速度は、統計値から結果として得られる数値であり、有用なデータが存在するかなりの長期にわたってほぼ一定であることが経験的にわかっている（したがって、貨幣量と物価水準を単純に結びつけることもいくらか正当化される）。だが流通速度という概念は、貨幣量が一般物価水準にのみ影響を与えるという誤解を招きやすい。貨幣量の変化は、あたかもすべての価格を同時且つ同じ比率だけ押し上げる（または押し下げる）と受け取られ、主にこの点から有害だとされている。だが貨幣量の変化の真の悪弊は、さまざまな価格におよぼす影響が均等ではないことだ。価格は無秩序に変動し、しかも変動幅にばらつきがあるので、相対価格の関係性は崩れ、生産の方向性を誤らせることになる。

現金残高数量説は、マーシャル以降のケンブリッジの伝統ある貨幣理論に大きく貢献したと考えられるが、残念ながらケインズ卿はこの重要な学説を事実上まったく活用しなかった。なるほど、すべての価格が同時に変化するかのように論じる当時の貨幣理論の傾向を批判はした。だがあくまでアーヴィング・フィッシャーらの貨幣数量説の枠組みの中で検討または批判を行っただけである。かくして、貨幣価値を決定する要因や貨幣的現象が特定の商品の価格におよぼす影響についての知識はあらかた失われてしまった。これは、ケインズ学派の大量出現によって経済学知識が被った損失の最たるものと言えよう。とはいえ貨幣理論のこの重要な問題をここで論じる余裕はない。だから私としては、読者に以下のことを奨めて満足しなければなるまい。不幸にしてケインズ経済学に席巻された教育機関で貨幣理論を学ばざるを得なかった経済学徒は、それでもなお貨幣価値の理論を学びたいと志すのであれば、A・W・マーゲットの『価格理論』上下二巻（一九四二年）［42］を読むとよい。続く二五年間の文献の大半は飛ばして、A・レイヨンフーブット教授の最近の著作（一九六八年）［37］を読むことを奨める。*この著作が、空白の二五年間の必読書を教えてくれるはずだ。

*A・レイヨンフーブットの著作『ケインズと古典派経済学』のかんたんな手引書として、以下を参照されたい。Occasional Paper 30, IEA, 1969 (7th Impression, 1981)

★「マネタリズム」について

ケインズ経済学は経済学界を一時期は席巻していたが、その後に反動が始まった。以来、「インフレまたはデフレは通常は貨幣の量または流通速度の変化によって引き起こされる、あるいは必ずそうした変化に伴う」ことをケインズが否定したのは誤りだと考える人々は、みな「マネタリスト」と総称されている。[*]とはいえ、マネタリズムはケインズ以前にも存在していたし、ごく少数の批判者や変人を除けば、ほぼすべての経済学者に支持されていた。とくに欧州大陸の経済学者たちはみなマネタリズムの信奉者であったが、彼らの政策提言こそが一九二〇年代のハイパーインフレを招いたのである。私はケインズ以後の「マネタリスト」に、とくに彼らの特徴とみなされている見解に同意する。具体的には、経済のメカニズムに関する限り、すべてのインフレはいわゆるデマンド・プル型であって、コスト・プッシュ型のインフレは存在しない、という見解である。なおこのとき、失業の発生を懸念して賃金上昇に応じて貨幣量を増やすという政治的決定は、経済的要因とはみなさないものとする。[**]

しかし私は、他の大方のマネタリスト、とくにマネタリズムの主唱者たるミルトン・フリードマン教授とは次の点で見解を異にする。単純な貨幣数量説は、同一領土内で一種類の貨幣しか使用されない状況ですら、物価と貨幣量の説明として有用ではあるが大雑把に過ぎる。まして同一領土内で複数の異なる通貨が同時に競合する状況では、まったく役に立たない。もっともこの欠陥が重大な問題となるのは、いま論じているような複数の通貨が競争する状況に限られる。だが貨幣数量説で貨幣とみなされないものが、貨幣の代用として使われる現象がときに起きる以上、貨幣数量説の厳密な有効性はすでに損なわれているのである。

＊R. F. Harrod [23a], p. 513.

＊＊しかし別の意味では、私はケインジアン対マネタリストの論争の外にいる。どちらも貨幣理論にマクロ経済学的なアプローチで臨んでいるが、私はそのようなアプローチは不要だし、とるべきでないとさえ考えているからだ。本質的にマクロ経済学的な概念を完全になしで済ますことはできないにしても、である。市場のような複雑な現象を論じる場合、完全な分析を行うためには事実に関するすべての情報が必要だが、全部を入手するのは不可能だ。だからマクロ経済学もミクロ経済学も、この情報不足に対処するための代替的な手段に過ぎない。マクロ経済学では、統計的に求められる総計や平均などの数値を使って対処する。これによって事実にかなり近づくことはできるが、因果関係の理論的説明としては不満足であり、ときに誤解を招く。というのも、マクロ経済学が主張する経験的に観察された相関関係は、それが常に生じるという証拠は何もないからだ。

私が好むのはミクロ経済学的なアプローチである。このアプローチでは、重要な事実すべては入手できないことから生じる問題に対処するために、「尺度を縮める」。具体的には、市場システムに生じる動きや変化をすべて再現しうる構造の形成に必要な最小限のレベルまで独立変数の数を減らす。これは、すでに別の著作［30］でくわしい説明を試みたが、私が「パターン予測」と呼ぶものを行うためのテクニックである。しかしパターン予測では、特定事象を予測することはできない。マクロ経済学はできると主張しているが。

単純な貨幣数量説の主な欠点は、状況の如何を問わず、貨幣量の変化が一般物価水準にもたらす影響を強調するあまり、インフレおよびデフレによる債権者・債務者関係の歪みにばかり注意が注がれ、もっと重大な悪影響が見過ごされてしまうことだと思われる。その悪影響とは、貨幣量の操作によって相対価格の関係性が崩れ、その結果として資源が不適切に配分されること、とくに誤った方向に投資が行われるようになることである。

　マネタリストの間でも理論上のこまかい点では意見の相違がある。それらの点は、本書の提案の影響評価を行ううえでは大いに重要ではあるが、ここで長々と論じるのは適切とは言えまい。さしあたりここでは、単純な貨幣数量説の妥当性に対する私の反論の主要点を述べるにとどめる。それは、同一領土内で一種類の貨幣しか流通しない状況ですら、単一の貨幣量というものは厳密には存在しないこと、同一単位で表示された複数の交換手段は均質あるいは完全に代替的であるとして流通範囲を限定するのは、通常の状況であっても誤解を招くことである。この反論が、異なる通貨が競争する状況で決定的に重要になることは言うまでもない。

　安定した物価水準と高い雇用水準の実現には、貨幣量を一定に維持すること、あるいは一定のペースで変化させることがぜひとも必要というわけではないし、それが容認されるわけでもない。物価や雇用の安定に必要なのは、人々の流動性選好が変わったとき、手元現金を調節するために支出を増減させないよう、貨幣量（と言うよりも流動性の高い資産の合計）を維持することだ。貨幣量を一定に維持したからと言って、資金循環が一定であるとは限らない。資金循環が望ましいふるまいをするためには、貨幣の供給にかなりの弾力性を持たせる必要がある。

貨幣の供給管理に当たっては、同一領土内で発行を独占する場合でも、まして通貨間の競争が存在する場合はなおさら、供給量の目標値を予め決めることはできず、どう調節すれば物価を一定に維持できるのか、見つけるしかない。つまりいかなる通貨当局も「最適貨幣量」といったものを最初に定めることはできない。それを発見できるのは市場だけである。最適貨幣量は、貨幣価値の基準とする商品バスケットを固定価格で売り買いする中で判明する。

フリードマン教授は、貨幣の独占発行者に対し、供給量の増加率の上限を法律で制限するという提案（k％ルール）を行った。これについて私はこう言いたい。そのようなルールの下で流通する現金の総量が上限に近づき、したがって流動性に対する需要の拡大を満たせそうもないことが判明した場合、いったい何が起きるだろうか、と。*

物価連動制は安定通貨の代わりにはならない

インフレの悪弊として広く認識され、また苦痛をもたらすとされるのは、債務者・債権者関係、とくに年金受給者であることがよく強調される。そこでこうした悪影響を緩和するために、長期債務は購買力に基づく「計表本位制」に従うものとし、債務の名目合計額は物価指数の変動に従って随時修正するとの提案が行われている。たしかにそのような方式は、インフレによる最も顕著な不公正を排除し、その不公正に伴う深刻な苦痛をなくしてくれるだろう。だがこれらは、インフレが引き起こす最も重大な損害とは言いがたい。インフレの一部の症状に対してこのように中途半端な治療を行うと、インフレに対する抵抗を弱め、インフレをむしろ助長し長引かせることになりかねない。そして長期的には、インフレによる損害、とくに失業増による苦痛を深刻化させることになる。

　インフレと言ってもすべての価格が同時に上昇するわけではないことは誰でも知っているだろう。価格は連鎖的に上昇するので、価格同士の関係が変化する。ただし相対価格の動きは、平均物価の推移といったおなじみの統計値の影に隠れがちだ。表面的にしか見ていない人はインフレが相対所得におよぼす影響に目を奪われるが、これは相対価格構造の歪みの一症状に過ぎない。相対価格構造が歪められることによって、資源利用の方向性も歪められ、労働を始めとする生産要素（とくに資本投資）を誤った使途に、すなわちインフレが加速しない限り利益の上がらないような使途に投じることになる。そして長期的に経済に大きな損害を与え、ついには市場システムを機能不全に陥らせかねない。これこそが、インフレが引き起こす最も重大な損害である。大量の失業が生じるのはこのためだが、** マクロ経済学的なアプローチをとる経済学者たちはこの問題を無視または過小評価している。

インフレに起因するこの重大な損害は、物価連動制の導入で解決できるものではない。この種の政府の対策は、インフレ下の生活をいくらかしのぎやすくするだけで、長い目で見れば事態を一段と悪化させることは必定である。人々は苦痛や不都合の原因がインフレにあると気づきにくくなるのだから、インフレ退治は困難になる。フリードマン教授の以下の提案はまっ

*これはまさにウォルター・バジョットの古典的な説明が該当する状況である。「イギリスの金融市場の感応度を考えると、準備高が法的下限に近づく状況は確実にパニックを誘発するだろう。法律で預金の三分の一と定められていると仮定すると、銀行の準備高が三分の一に近づいたとたんに不安が始まり、たちどころに広まることになる」。Walter Bagehot [3].

**この基本的な事実を認識した注目すべき例は、一九七七年五月八日にイギリス首相官邸で開催された首脳会談の公式声明に見られる。首脳会談はイギリス首相が議長を務め、アメリカ大統領、西ドイツ首相、フランス大統領、日本首相、イタリア首相が出席した。声明の冒頭には「インフレは失業の救済策ではなく、失業の重大な原因の一つである」と明記されているのである。この洞察こそ、私が四〇年以上もの間ほとんど独力で主張し続けてきたものだ。だが残念ながら、この記述は問題を過度に単純化している。多くの状況では、インフレはたしかに一時的に失業を減らすのである。しかしそれは、後になってもっと多くの失業を引き起こすという犠牲を伴う。だからこそインフレは魅力的で、政治家はその誘惑にまずもって抵抗できないのだし、だからこそ油断がならないのである。

たくもって正当性に乏しい。

「エスカレーター条項が広く浸透すれば、インフレによって生じた相対価格の歪みを取り除くことができるので、インフレ率の変化を認識しやすくなる。すると変化に適応するタイムラグが短縮され、名目物価の感応度と可変性は高まることになる*」

だがこうして見かけの効果がいくらか薄らいだインフレに対しては、あまり抵抗感がなくなるため、結果的に長引くことになろう。

もっともフリードマン教授は、物価連動制が安定通貨の代わりになるという見方はきっぱりと否定している**。それでも彼が、インフレを短期的に受け入れやすくしようと試みていることはまちがいない。これは非常に危険な試みだ。教授は否定するが、それはむしろインフレを加速させるのではあるまいか。たとえば仕事が不要になって賃金が下がるべき労働者たちにまで、実質賃金の維持を要求する理由を与えることになる。だが、どの産業、どの職種の賃金も他に比して上がるなら、全産業、全職種の名目賃金が最低賃金を除いて上がることになる。となれば、それだけでもインフレがずっと続かなければなるまい。

別の言い方をするなら、フリードマン教授の提案は、実務上の必要性から出てきたとはいえ、長い目で見れば賃金構造全体を一段と硬直化させ、ひいては市場経済を破壊する措置の一つであるとしか思えない。この意味で教授の提案は、賃金と物価の硬直性は不可避であるとして金融政策を賃金と物価に応じて調整する試み、すなわちケインズ経済学の出発点となっている考え方と何ら変わらないのである。だが政治的に現在必要かどうかは、科学者たる経済学者の関心事とすべきではない。私はこれからも何度でも言うつもりだが、経済学者の仕事は、今日政治的には不可能と見えることを政治的に可能にすることであるはずだ。現時点で何が可能かを決めるのは政治家の仕事であって、経済学者の仕事ではない。経済学者は、現在のやり方を続ければ悲惨なことになると言い続けなければならない。

現在の政治・金融制度の下ではインフレが不可避だという点では、私はフリードマン教授に完全に同意する。この政治のしくみを変えない限り、われわれの文明は破壊されると私は信じているのである。この意味で、貨幣に関する私の大胆な提案は、政治制度の抜本的な改革の一環としてでなければおそらく実行できまい。しかしそうした改革はそう遠くない将来に必要とされるだろうし、そのときには私の提案は欠かせない一部となるはずである。経済および政治の秩序に関して私が提案する二つの改革は、実際には相互補完的な性質を持つ。私がいま提

＊ M. Friedman [20b], p. 31.
＊＊ Ibid., p. 28.

案するような貨幣制度は、政府の権限を制限しなければ実現不能であるが、そのような政府はまだ存在しない。しかし政府の権限が制限されたならば、貨幣発行の独占権を取り上げることが必要になるだろう。いや、前者に引き続いて必ずや後者が起きなければならない。

通貨選択の歴史的証拠は存在する

フリードマン教授はのちに私の提案に対する疑問点をくわしく説明したうえで、次のように主張した。

「豊富な実証的、歴史的な証拠からして、(ハイエクの)期待は実現しないと考えられる。また、民間通貨が安定した購買力を保証したとしても、政府通貨を駆逐することはあるまい」

なるほど、通貨価値を安定的に維持しない限り通貨発行事業が立ち行かなると利用者が理解しているような通貨、通常の銀行がどこも取り扱うような通貨、契約・会計・計算手段として法的に認められているような通貨は、これまで存在していなかった。だがだからと言って、いま挙げたような民間通貨を差し置いて劣化する政府通貨のほうが選ばれるという証拠は見当たらない。おそらく多くの国では、民間通貨の発行は禁止されてはいないだろう。だがいま挙げたような条件を満たせるような通貨は、仮に存在するとしても稀にちがいない。しかも、そのような民間通貨の実験が万が一うまくいきそうになったら、政府が介入して阻止すると誰もが知っている。

使いたい通貨を好きに選んでよいとなったときに人々がどうするのか。これについて歴史的な証拠を求めるとするなら、英ポンドを見ればよろしい。価値が下落し始めてから英ポンドが国際貿易の決済通貨としての地位を失ったことは、まさに私の予想を裏付ける事例のように思われる。自国通貨の下落に対処しなければならなくなったとき、あるいは政府があらゆる手段を行使してその通貨の使用を強制してきたとき、個人はどう行動するかはすでにわかっている。その知識からすると、人々が望むような性質を備えた通貨は、人為的に使用を阻止されない限り、必ずや成功すると考えられる。アメリカは、自国の通貨より他国の通貨のほうが安全だと国民が考えるような時代を経験したことがない。この点で、彼らは幸運と言うべきだろう。対照的にヨーロッパ大陸では、許可さえされていたら、多くの場合に人々は自国通貨ではなくドルを使っていたにちがいない。現に多くの人が、法律で許される以上にドルを使っていた。ドルの使用が急速に普及するのを防ぐために、厳罰が用意されたほどである。何十億ドルもの

＊F. A. Hayek [31a], vol. III.

＊＊Reason 誌のインタビューに拠る。IX: 34, New York, August 1977, p. 28.

ドルが行方不明になっていることが、その何よりの証拠と言えよう。行方不明のドルを世界中の民間人が保有していることは確実である。

すでに述べたように、人々は新しい通貨のメリットをなかなか認識しないだろうし、好きな通貨を選ぶ機会が与えられても、最初は紙幣よりも金《ゴールド》を選ぶだろう。だが真の安定通貨のメリットをいちはやく認め、それを使って成功する者が現れれば、他の人々も先行者に倣う気になるにちがいない。これが世の習いというものである。

最後に、フリードマン教授にはいささか驚いていることを告白しておこう。教授は、いかなる根拠からも独占が好ましいとは考えておらず、慣例がもたらす無気力をひたすら懸念してきた人物だと思われる。そのほかならぬ教授が、競争によってよりよいものが勝つことをとんと信じていないのは驚きである。

★★

第15章

通貨供給の望ましいあり方

THE DESIRABLE BEHAVIOUR OF THE SUPPLY OF CURRENCY

ここまでは暫定的に、個人が選好する通貨は全体として市場の円滑な機能に最も役立つと仮定してきた。これは妥当な仮定であり、後段で論じるようにおおむね正しくもあるが、自明であるとは言えない。この仮定が正しいかどうかは検証する必要がある。すくなくとも大方の人は、ある一種類の通貨を使うことが都合がよいだろう。他の人がみなちがう通貨を使っていても、各人にとってはなお自分が選んだ通貨のほうがよい、ということは十分あり得る。

経済活動の成功（または期待の実現）は将来の価格をおおむね正しく予測できるかどうかに懸かっていると第13章で論じた。現在の価格と予想物価動向に基づいて予測するにしても、将来価格を決める要因はほとんどの個人には知り得ない以上、予想将来価格はまずもって不確実である。そもそも価格の役割は、個人には知ることができない変化のシグナルをできるだけ早く伝達することにある。そうすれば、事業計画をそれに合わせて調整することが可能になる。このしくみがうまく行っているのは、全体としては現在の価格というものが、将来の価格を知らせる指標としてかなり信頼できるからだ。ただし将来価格が「偶発的」な変動に左右されることはあるだろう。それでもすでに指摘したとおり、平均価格が一定であるなら、上下の変動は互いに打ち消される可能性が高い。一方、価格が上げ方向にせよ下げ方向にせよ一方向に大幅に動く場合には、正確な予想は不可能になることもすでに述べておいた。

とはいえ、ある商品または商品群の現在価格が、信頼できる指標にはならないケースも起こりうる。それは、大量の現金が経済に一時的に流入または流出するといった、一回限りの出来事によって現在価格が形成された場合である。このような特殊な事情に起因する見かけの需要の変化はかんたんに逆転しかねないにもかかわらず、持続不能な方向へと生産を大々的に誘導してしまう。この種の誤った資源配分はひんぱんに繰り返されてきた。中でも深刻なのは、大量の貨幣が創造（または回収）されたときである。この場合には、通常であれば消費から投資に回される資金すなわち貯蓄を大幅に上回って投資資金が増える（または大幅に下回って投資資金が減る）ことになる。

このような投資資金のだぶつき（または極端な不足）こそ、たびたび危機や不況を引き起こしてきたメカニズムにほかならない。とはいえ、ある通貨の利用者がこのことに気づいたとしても、他の通貨に乗り換える原因にはなるまい。人々が通貨を選ぶときに考慮するのは、自分の行動に重大な影響を与えるような属性だけであって、他人の決定に与える影響を通じた間接的な影響ではないからだ。

通貨供給、安定物価、投資と貯蓄の均衡

投資と貯蓄のこうした不均衡の重大性に最初に注目した経済学者は、クヌート・ヴィクセルである。彼は、貨幣価値が一定に維持されれば不均衡はなくなると考えていた。だが残念ながら、ヴィクセルの主張は厳密には正しくない。現在では、成長する経済においては、安定した物価水準の維持に必要な貨幣量を追加するだけでも、貯蓄に対して投資が過剰になりうると広く認められている。私自身もこの点を早くから指摘した一人ではあるが*、いまではこれは実際にはさして重要な問題ではないと考えるようになった。貨幣量の増減が、平均物価をほぼ一定に維

*Hayek [25], pp. 114ff.

持するために必要な水準を大幅に超えなければ、投資と貯蓄の均衡にまずまず近づくだろう。少なくとも、思いつく限りの方法で近づけられる程度には近づくはずだ。いずれにせよ、物価水準の大きな振れに伴う投資と貯蓄の不均衡に比べれば、安定した物価水準における不均衡は心配する必要のない程度のものだろう。

「中立貨幣」という虚構

経済学者が体制の如何を問わず実現可能さらには望ましいと考える経済安定化の度合いは、いくぶん野心的すぎると私は感じている。また経済学者は、労働者が望む賃金水準で雇用を確保することを政治に要求してきたが、これは不幸なことだったと思う。そのような要求を長期的に満足させられる政府は存在しないからだ。個人の計画が完全に調和するとか適合するとかいうことは、完全市場均衡の理論モデルから導き出されたのだが、その前提として、間接的交換を行うのに必要な貨幣は相対価格に影響をおよぼさないことになっている。これは完全なる虚構であって、現実の世界はまったくそうはなっていない。私自身、かつて「中立貨幣」という表現を使ったことがあるが（あとになって、無意識にヴィクセルから借用したことに気づいた）、それは理論分析においてほぼ必ず立てられるこの前提を記述し、現実の貨幣がほんとうに相対価格に影響をおよぼさないのか問題提起するためであって、それが金融政策のめざすべきモデルとなることを意図したわけではない。*

私自身は、現実の貨幣が先ほどのような意味で中立になることはあり得ないとの結論にかなり前に達しており、不可避的な誤りを迅速に正せる制度であれば、それでよしとすべきだと考えている。そのような制度を実現する早道は、「本源的生産要素（original factors of procuction）」すなわち労働と土地の平均価格が一定に保たれるようにすることだと思われる。現実的とはいえ土地にせよ労働にせよ、平均価格が統計的に求められるというものではない。現実的に最も近いと考えられるのは原料その他の卸売価格である。そして競争通貨であれば原料価格を安定させられるはずだ。

この間に合わせの解決には問題点が多く、それにすぐには答えられないことは潔く認めねばなるまい。それでも競争を導入すれば従来の貨幣よりはるかによい貨幣が登場し、広く経済も安定するはずだ（それによって競争通貨の実験も徐々に改善されるだろう）。そして、貨幣発行の独占廃止や自由参入など誰も考えなかった時代に存在したどんな構想と比べても、喫緊の必

* Hayek [26].

要性をよりよく満たすと期待できる。

流動性需要の増大

安定した物価水準の維持は果たして可能なのか、という疑問は私自身も抱いたことがある。ここではそうした疑念を晴らすために、かんたんな問いを考えてみたい。それは、多くの人が保有資産のうち流動性の高い資産の比率を高めたいと同時に考えたら何が起きるか、という問いである。この場合、最も流動的な資産である現金の価値が商品の価値より上昇しても、それは正当ではないか。いやむしろ、上昇することが必要ではないだろうか。

この問いには、個人のそうしたニーズは、すでに保有している流動資産の価値の上昇だけでなく、保有しうる量の増加によっても満たせる、と答えることができる。流動性の高い資産の比率を増やしたいという願望は、貨幣量の拡大によって叶えられるし、それによって逆説的ながら、個人が既に保有する流動資産の価値を押し上げ、ひいてはその比率も高めることになる。言うまでもなく、流動性をどう定義するにせよ、閉じた社会において全体として流動性を増やすことはできない。不測の事態への対応を容易にするという理由で流動性の意味を大幅に拡張し、汎用性の高い財を含めることにすれば話は別だが。

十分な流動性を確保するために貨幣量を増やす必要があるからと言って、貨幣量の増加を求める見せかけの需要が生まれるのではないかという心配は無用である。いかなる貨幣も、必要とされる量はつねに限られているからだ。それは、一定に維持するとした商品バスケットの（直接または間接の）価格の合計を上下させることなく、発行または流通を維持できる量である。このルールの下で、さまざまな「取引上のニーズ」に応えるという正当な需要はすべて満たされる。公示された商品バスケットを公示された合計額で売買でき、マネーストックからの通貨の回収または追加がこの条件を妨げない限りにおいて、このことは成り立つ。

★

ただし、良貨と悪貨が並行して流通する限り、自分自身の取引に良貨だけを使ったとしても、悪貨の有害な影響を完全に遮断することはできない。さまざまな商品の相対価格はどの競争通貨建てでも同じになるはずなので、安定通貨の利用者は、広く使われている競争通貨の減価（または増価）による価格構造の歪みの影響を受けることになるからだ。よって、安定通貨の使用がもたらすはずの経済活動の安定というメリットは、大半の取引が安定通貨建てで行われる状況でなければ実現しない。良貨が大半の悪貨を駆逐する現象は早晩起きると考えられる。しかし人々が賢くなり、価値の下がりかねない貨幣の誘惑を断ち切れるようになるまでは、価格構造全体にたまさか生じる撹乱や、それに伴う経済活動全般の混乱は、完全には排除できない。

★★

第16章 フリーバンキング

FREE BANKING

いま検討している問題の一部は、一八世紀半ばに主にフランスとドイツで展開されたいわゆるフリーバンキング論争で広く論じられた。* この論争は、民間銀行に一国の既存の金貨または銀貨と交換可能な銀行券を発行する権利を認めるべきか、という問題に火をつけたのである。当時は当座預金口座が少なく、且つ未発達だったため、銀行券のほうがはるかに重要とみなされていた。当座預金は、民間銀行の貨幣発行権が最終的に否定された後になって（おそらくはそのせいもあって）、にわかに重要性を増したのである。フリーバンキング論争の結果として、ヨ

＊この論争についての研究は、V. C. Smith［55］を参照されたい。

ーロッパでは貨幣発行特権を持つ銀行が各国に一行だけ政府によって設立されることになった（ただしアメリカでの設立は一九一四年と遅かった）。

一国の通貨は一つだけとされた

ここでとくに注目したいのは、当時のフリーバンキング待望論は、あくまで一国の既存通貨の名称での銀行券の発行を民間銀行に認めるべきだ、というものだったことである。私の知る限り、競争する銀行が異なる名称の通貨を発行する可能性が検討されたことはない。その背景にあったのは、現実に通用するのは金または銀と交換可能な銀行券だけであり、規定量の貴金属の裏付けがない銀行券はきわめて不都合であって有用ないかなる目的にも適さない、という見方である。

★

ところが結局、民間銀行が発行し供給量を調節する責任を負っていた銀行券は、金や銀とは交換できず、貨幣発行特権を持つ中央銀行が供給する法貨と交換することになった。そこで当時の中央銀行は、民間銀行が発行した銀行券の買い戻しに必要な現金を供給する必要に迫られる。一旦このような制度になると、貨幣発行の自由を巡るかつてのまっとうな議論はもはや意味がない。民間銀行による銀行券の発行が禁止された以上、フリーバンキングも（当座預金はともかく、すくなくとも通貨発行に関する限り）実現の可能性は断たれ、擁護のしようがなくなった。★★

フリーバンキングすなわち銀行券の自由な発行を求める理由は、主に、そうなれば銀行はより潤沢且つ低利で信用供給ができる、というものだった。反対者はまさに同じ理由から、それではインフレを引き起こしかねないと批判した。また、すくなくとも一人は次の理由から貨幣発行の自由を擁護した。

「いわゆる銀行業の自由は、フランスに銀行券の全面廃止という結果をもたらすだろう。銀行券を発行する権利を私はすべての人に与えたい。そうすれば、誰ももうどんな銀行券も選ばなくなるだろう＊」。

言うまでもなくこの発言は、貨幣発行権は必ずや濫用され、準備金を上回る額が発行されれば破綻につながることを警告したものである。

貨幣発行を中央銀行に一本化するという主張は最終的に勝利を収めた。しかしじつはその

＊H. Cernuschi [9]. L. v. Mises [47], p. 446 に引用がある。V. C. Smith [55] も参照されたい。

勝利は、完全ではない。というのも、銀行による低利の信用創造に多大な関心を持っていた人たちに譲歩したからだ。つまり、民間銀行が要求払預金（当時急速に重要性が高まっていた）を払い出すために銀行券を必要とした場合には、それを供給することを中央銀行に義務付けたのである。この決定、いや正しくは中央銀行がすでにやむなく行っていた慣行の追認によって、不幸な混合制度が生まれることになる。貨幣の総量に対する責任が最悪の形で分割され、効果的に制御できる人間が一人もいないという状況になってしまったのである。

要求払預金は銀行券や小切手と同じようなものである

このような不幸な成り行きになったのは、小切手振り出しに使われる口座がじつは銀行券とほぼ同じ役割を果たすこと、その口座を民間銀行は銀行券とまさに同じように創出できることが、長い間一般に理解されていなかったからである。その結果、貨幣発行は政府の独占だとなお信じられてはいたものの、実際には独占は薄められていた。そうなると、貨幣量の調節機能も中央銀行と多数の民間銀行の間で分割されることになる。しかも中央銀行は民間銀行の信用創造に対しては間接的にしか影響力を行使できない。こうした特徴を持つシステムには当然ながら「本来的な信用の不安定性*」が内在すると気づくまでに、そう時間はかからなかった。このシステムで流動性の大半を供給するのは民間銀行だが、その民間銀行自身は別の貨幣すなわち中央銀行券の形で流動性を維持しなければならない。したがって、誰もが流動性を増やすことを求めるまさにそのときに、民間銀行は債務残高を減らす必要に迫られることになる。だがこのことが理解されたときには、すでにこのしくみがしっかり根を下ろしていたため、「信用供給の歪んだ弾力性」**を生じさせるにもかかわらず、もはや修正不可能とみなされた。ウォルター・バジョットはこのジレンマを一〇〇年前に見抜いていたが、この強固に確立された銀行制度の欠陥を正すことは不可能だと匙を投げている。***そしてヴィクセルのちにミーゼスは、この構造が必ずや経済活動に大幅な周期的変動を引き起こすことをあきらかにした。これが「景気

*この表現を最初に使ったのは、R・G・ホートリーである。

**L. Currie [12/] を参照されたい。

***「各銀行がそれぞれに準備金を維持し、それを怠ったら破産という罰を受けるのが本来の銀行制度のあり方だと私は口を酸っぱくして主張してきた。だが現在の制度は、たった一つの銀行が全部の銀行のための準備金を用意し、破産という有効な罰を受けることがない。それでも私としては、この制度を維持し、多少の手直しや改善にとどめることを推奨する……というのも、現行制度を変えようとしても無駄だとわかっているからだ……これほど大規模な再建や破壊を行うのにふさわしい権力はどこにも存在しない。よって、改革を提案しても無駄である」。W. Bagehot [3], p. 160. ここで言う制度がまずまず機能している間はたしかにそうだったかもしれない。だがその制度が破綻を来してしまえば当てはまらない。

循環」である。

通貨供給量の調節も銀行の経営方針も変えなければならない

本書で提案する貨幣発行の政府独占廃止には、この不幸な制度が引き起こした行き詰まりを打開するきっかけになるという大きなメリットがある。独占廃止により、通貨の総量規制の責任は各銀行が分け合うことになる。彼らは自己利益に基づき、自行の発行する通貨ができるだけ多くの人に使われるよう、通貨供給量を調節するはずだ。

本書の提案する改革では、通貨を発行する銀行だけでなく、発行しない銀行も、経営方針を完全に変えることが求められる。というのも、通貨を発行しない銀行は、自行の準備金で顧客の預金引き出しに応じられない場合、もはや中央銀行による救済を当てにはできないからだ。たとえその銀行が、なお存続する中央銀行の発行通貨で預金業務を行っていても、である。中央銀行自身にしても、自行の発行する通貨の流通を維持するためには、競争相手である発券銀行と同じ方針を採用せざるを得ないだろう。

古い世代の銀行家は新制度に反対する

どの銀行も新しい経営方針で臨まなければならないとなれば、政府独占の廃止に対する猛反対が巻き起こるだろう。銀行業界に定着しているやり方に慣れ親しんできた古いタイプの銀行家が、こうした問題にうまく対処できるとは思えない。大手銀行の経営者たちの多くは、競争通貨制度がどう機能するかを理解できず、そのような制度はまったくもって非現実的且つ実行不可能と決めつけるにちがいない。

とくに、銀行間の競争がカルテル協定によって何世代にもわたって制限され、これを政府が容認さらには奨励していた国では、古い世代の銀行家は新しい制度がどういうものか想像することもできまい。よって、一致団結して導入を拒否するだろう。だがこうした反対は十分予想できるものであり、それに邪魔されてはならない。新しい世代の若い銀行家たちは、機会さえ与えられれば、新しい銀行経営を可能にする技術を開発できると私は確信している。そして安定性の強化や利益拡大といったことにとどまらず、既存の銀行をはるかに上回る恩恵を社会全体にもたらすはずだ。

フリーバンキング擁護論者も反対するだろう

反対に回ると目されるもう一つの集団は、奇妙なことだが、通貨膨張論の立場からフリーバンキングを支持していた研究者たちである。彼らは、フリーバンキングが自分たちの期待とは正反対の効果をもたらすと気づいたら、反対に回るにちがいない*。人々が現行通貨に代わる通貨を選べるようになれば、減価の可能性のある貨幣を押しつけることは不可能になる。誰もが減価しかねない通貨は早く手放したいと考えるので、まさにその通り、その通貨はたちどころに価値が下がるはずだ。フリーバンキング支持派は、そうなると結局は「強い」貨幣しか残らないとして反対するだろう。だが貨幣は、競争によって安くならない唯一のものなのである。というのも、貨幣の魅力は「高い価値」を維持し続けることにあるからだ。

★ 競争通貨制度にとっての脅威

つまりこの競争は、競争者たちの生産物を高い価格に維持するところに大きなメリットがあるわけだ。このような競争は、いろいろと興味深い問題を引き起こす。競争する銀行が、発行する通貨の安定性に関してほぼ同じような評判と信頼を得たとしたら、次は何で競争することになるのだろうか。通貨発行業務（これは無利子で借りるのと同じことである）から上がる利益は膨大だと思われるが、それに成功する銀行はそう多くはあるまい。となれば、自行の発行通貨建てで経理を行う企業へのサービス提供が競争の強力な武器になるのではないか。企業が顧客企業の経理事務を肩代わりしても、驚くには当たらない。

シェアの確保に成功した銀行は大きな利益を手にするだろう。と言っても、良貨を維持する見返りとしてけっして多すぎることはないはずだが、しかしこの利益は政治的には大問題を引き起こしかねない。いずれかの銀行が通貨発行を独占した場合に抗議の声が上がるのは当然だとしても、真の脅威はそれとはまったく別のところに潜んでいる。それは、財務省だ。どの国の財務省も、国内での通貨流通を許可するのと引き換えに、貪欲に分け前を主張するだろう。言うまでもなく、そんなことになればすべては台無しである。だが民主国家の政府は、貨幣量を適切に調節することができないうえに、貨幣に不干渉を貫くこともできないらしい。

競争通貨にとって真の脅威は、次のことだと考えられる。人々は、政府による貨幣発行特

＊該当する人物は非常に多い。参考文献として挙げた［13］、［22］、［44］、［51］の著者のほかに、エドワード・クラレンス・リーゲル（一八七九〜一九五三）の一連の研究は特筆に値する。もっとも、アーヴィング・フィッシャー並みの注目を得られたかもしれない鋭い洞察と熟考の結果が、経済学の初歩を知らなかったために完全に無価値になった例としてだが。遺作となったリーゲルの *Flight from Inflation: The Monetary Alternative* はヘクサー財団（カリフォルニア州サンペドロ）により出版された。

権の濫用はほとんどの場合おとなしく我慢しているくせに、通貨を発行しているのが「大もうけをしている銀行」だとなった瞬間に、特権の濫用だという不平不満をしきりに言い立てる可能性があるということだ。扇動的な連中は通貨発行を特権だとみなし、これを銀行から奪えと騒ぎ立てるだろう。銀行は賢明であるから、けっして独占などするつもりはないと信じる。彼らにとっては、むしろ供給量を慎重に抑えることが重要な問題の一つとなるはずだ。

★★

第17章 全面的なインフレ、デフレはもはや生じないか

NO MORE GENERAL INFLATION OR DEFLATION?

複数の銀行が政府の干渉を受けることなく異なる通貨を自由に発行して競争する限りにおいて、通常の環境では全面的な物価の上昇または下落はあり得ないと考えられる。多くの発券銀行は、汎用的な市況商品で構成される商品バスケットの価格を睨みながら発行通貨の価値が一定になるよう供給量を調節することが、自己の利益になると理解するはずだ。となればあまり振るわない発券銀行も、通貨発行事業からの全面撤退や発行通貨が紙くずと化すのを避けたければ、自分たちの通貨の減価や増価を防ぐべく手を打たざるを得まい。

コスト・プッシュ型インフレというものは存在しない

ここでは、ある通貨で表示された価格の平均は、その通貨の供給量を適切に調節すればつねにコントロールできることを前提としている。この前提は、理論分析によっても実際の経験によっても裏付けられるはずだ。したがって、インフレが長引いたときに政府のせいではないとして必ず持ち出される弁明に耳を貸すにはおよばない。その弁明とは、物価の上昇が続いたのは政策が悪いからではなく、最初に何らかの原価が上がったからだ、というものである。このような主張に対しては、厳密な意味で「コスト・プッシュ」インフレというものは存在しないと断固答えるべきだ。賃金上昇であれ、原油価格あるいは輸入品全般の上昇であれ、値上がりした商品を買うための資金がより多く買い手に供給されない限り、すべての財の価格を押し上げるはずがない。コスト・プッシュ型インフレと呼ばれるものは、政府が増やさねばならぬと感じて通貨供給量を増やした結果にほかならない。政府が供給量を増やしたのは、賃金（またはその他のコスト）の上昇によって失業が増えるのを防ぐためである。たしかに賃金上昇が先に起きたわけだが、それは、政府が通貨供給量を増やすだろうとの期待の下で容認されたのである。通貨供給量が増えれば、労働生産物に対する需要が増大してすべての労働者が雇用機会を得られるだろうというわけだ。だが通貨供給量を増やさなければ、ある産業の賃金上昇は全面的な物価水準の上昇にはつながらず、単にその産業の売上高を押し下げて失業を増やすだけで済んだはずある。

★だがここで、カルテルや労働組合など独占的性格を持つ組織がインフレ誘導で果たしうる役割について、もうすこし考えてみるべきだろう。こうした組織が、何らかの重要な原料の価格や大勢の労働者の賃金を大幅に押し上げることに成功したら、そして発券銀行が熱心に価値の安定に努めている通貨でもってその価格や賃金が表示されたら、何が起きるだろうか。そのような状況になったら、その通貨建ての物価水準が安定するには、他の大多数の価格や賃金が下がらなければならない。石油に、あるいは本や雑誌によけいに払わなければならないとなったら、何か他の消費を減らすしかない。

価格と賃金の硬直性

いかなる通貨といえども、長年にわたる価格の硬直性を是正することはできない。しかし通貨には、売り上げを減少させ、需要が減っているのに価格を硬直的に維持している売り手に方針の見直しを余儀なくさせることは可能だ。

主流的なケインズ学派と本書の立場との根本的なちがいは、硬直的な物価・賃金に対する見方のちがいにある。ケインズの立場は、賃金の硬直性の増大は是正不能の現象として受け入れるべきものと考え、その影響を緩和するには所与の賃金水準に応じて政府が貨幣的支出を行うほかないとの判断に由来する（この見方は、一九二〇年代のイギリスの状況ではある程度正しい。当時は、無謀にもポンドの対外価値を高めようとした結果、イギリスの賃金水準は国際的な商品相場と釣り合わなくなった）。これに対して私は、そのように何らかの硬直的な価格とくに賃金に応じて貨幣量を調節すれば、硬直的な価格の範囲を大幅に拡大させることになり、長期的には市場の機能を完全に破壊してしまう、とかねてから主張してきた。

マイルドなインフレは有益だという説は誤りだ

あらゆるインフレはきわめて危険である。多くの経済学者を含む多くの人が、マイルドなインフレは害がなくむしろ有益だとみなしているからこそ、危険なのだ。インフレほど「先手必勝」*という古い格言に従うことが重要なものはほかになく、その意味でマイルド・インフレ無害説ほど甚だしい勘違いはない。驚いたことに、人為的なインフレが自己加速していくメカニズムを理解していない経済学者がいるようだ。貨幣量が増加すると、価格ひいては利益が当初の予想を上回ることで、経済全般に最初の刺激がもたらされる。こうなると、あらゆる冒険的事業は、本来なら失敗するはずのものまで、成功する。だがこれが続くのは、物価が上がり続けることをまだ人々が予想していない間だけである。ひとたび誰もが物価の継続的上昇を当てにするようになると、最初と同じペースで上昇するだけでは、もはや当初のような刺激を与えることはできなくなる。

こうなると、金融政策は厄介なジレンマに直面する。自ら誘導したマイルド・インフレによって活性化された経済活動を維持するには、インフレを加速させなければならない。実際のインフレ率が予想インフレ率に達するたびに、一段の加速を後押しする必要に迫られるわけだ。それに失敗したり、あるいは加速が止まったり、さらには物価が下落に転じようものなら、経済はこのプロセスが始まったときより悪い状態に陥るだろう。インフレの間は、通常であればすぐに正されるような判断ミスも許容される。その結果としてミスが積み重なり、ついには一挙に清算しなければならなくなるのだ。そのうえ、生産が誤った方向にねじ曲げられ、追加的な投資が維持されない限り継続できないような事業へと人材その他のリソースが振り向けられ

＊［'Resist beginnings' (or, colloquially, 'nip it in the bud'): Ovid, Remedia Amoris, 91, trans. Showerman, Oxford Dictionary of Quotations, OUP. - ED.］

ることになる。しかしその追加的な投資は、貨幣量が増え続けない限り手当てできない。

一国の貨幣量を調節する機関は、こうした状況で即座に失業を食い止めるだけの力を持ち合わせていると一般に理解されている（もっともこのような対策は、あとになって大量の失業を生むだけだが）。そこで政府はこの機関に強い圧力をかけたくなるにちがいない。一部の経済学者はこの危険性を十分に理解しており、金融当局に厳格な制限を設けるべきだと主張してきた。だがこの賢明な主張に対し、ある理論家の一派が裏切りまたは無知から反対した。この一派が一時的に人気を博したため、貨幣量は政治的判断で調節されるようになり、市場の秩序を甚だしく脅かし、もはや容認できない状況に立ち至っている。

だが競争通貨制度においては、主立った民間発券銀行に政治的圧力をかけ、融資条件を緩和して供給量を増やせと要求しても無駄である。圧力をかけられた銀行が独占発行機関ではない以上、もし圧力に屈すれば、ただちに重要な発券銀行の座から滑り落ちるだけだからである。

「貨幣錯覚」、すなわち貨幣は不変の価値を表すという思い込みは、結局のところ、個人には貨幣価値をどうこうすることはできないのだから心配するだけ無駄だ、という背景から生まれたものである。ひとたび選択の自由が与えられれば、人々は使用可能なさまざまな通貨の価値の変動に敏感になり、通貨というものは常時注意を払う必要があるということが共通認識となるだろう。これこそあるべき姿である。そして、これこれの通貨は危ないといった警告を発することは、国家に対する裏切りではなく、称賛すべき行為となるだろう。

★★

失業の責任は労働組合に帰すことになる

カルテルや労働組合など独占的性格を持つ組織により強制的に引き上げられた価格や賃金の影響を、政府は貨幣量の増大によって打ち消すことが可能だったわけだが、この政府の権力を政府から奪った場合、原料なり人材なりのリソースをフル活用する責任は、本来責任をとるべき組織に帰着することになる。つまり実質的に値上げや賃上げの決定を行ったカルテルや労働組合などだ。ここまで読み進んだ読者は、インフレによって失業（それを引き起こしたのは独占的な労働組合の行動である）と闘う試みは、単に雇用への影響を先送りするだけだということがおわかりだろう。雇用を維持すべく貨幣量を増やしてインフレを加速させた末に、物価が耐えがたい水準に達するまで先送りされるわけだ。このような有害な施策は、政府が貨幣発行特権を掌握している限り、避けられないのかもしれない。しかしできるだけ早くこのような政策を講じられないようにすることが、誰にとっても好ましい。

本書の提案が実現すれば、狭い意味でのインフレとデフレを防ぐ以上の効果が期待できる。

適切な意味でインフレやデフレと呼びうるのは、貨幣量の変化あるいは貨幣保有需要の変化への対応の不備によって引き起こされる一般物価水準の変化だけだが、実際にはそれ以外の要因も一般物価水準を変化させている。たとえば昔は、収穫の変動によって重要な食糧や衣服の供給不足や供給過剰が起きていた。とはいえ今日では、重要な財の供給がそのような具合に同時に大幅に変動することは考えにくい。だが今日でも、小さな島国や戦争中に敵に包囲された国などでは、その国の主要産品が急激に欠乏する（または過剰になる）ことはありうるだろう。そして、その国の通貨供給が物価指数を指標として行われ、その物価指数の主な構成品目が国産品である場合には、通貨供給は貨幣的要因に拠らない物価変動を打ち消すように作用することになる。

全面的なデフレも防ぐことができる

おそらく読者は、いま論じているような競争通貨制度においては、全面的なインフレと同じく全面的なデフレも起きないということに完全には納得していないだろう。現に過去には、将来についての重大な不確実性や懸念材料が存在する状況では、金利水準が非常に低くても銀行貸出の縮小を防ぐことはできなかった。発券銀行がこのような状況に直面し、自行の発行通貨建ての商品価格が下落する恐れがあるとき、何か打つ手はあるだろうか。また、この状況で競争する他行も同じ恐れに直面しているとしたら、価格下落を食い止めることにどれほどの利益があるだろうか。

大勢の人が高い流動性を求めているときに追加的な通貨供給を行うことは、言うまでもなくたやすい。しかし発券銀行にとっては、通貨を発行時より高い価値に維持するために、追加投入した分を買い戻す羽目に陥るのは好ましくないはずだ。そこで銀行は確定利付き証券を購入して投資利益を確保し、流動性を求める人々にそこから現金を渡すことを余儀なくされるだろう。また長期金利を押し下げることも同様の効果を持つ。通貨供給量の大きい銀行は、商品バスケット構成品目の中でとくに下落幅の大きい商品を大量に買い入れておくことが利益に適うと気づくかもしれない。

経済の動き自体によって生じた一般物価の下落傾向に対抗するには、これらの措置で十分だと考えられる。そしてもし十分な効果が得られたならば、おそらくそれが通貨発行事業にとって実現可能な最大限のことだろう。だが、何らかの出来事によって失望と無気力が一国あるいは一地域を覆い尽くし、誰も再び投資をする気にならず、よって物価下落に歯止めがかからなくなる可能性は排除できない。そのような事態に立ち至った原因が、差し迫った災厄の恐怖であったり、押し寄せる共産主義の脅威であったり、ある地域から逃げ出すために全財産を現金に換える必要性であったりすれば、携行不能な財の価格下落は、何物を以てしても食い止められまい。しかし、資本主義経済における効率的な事業運営に必要な条件が維持される限りにおいて、競争こそが、事業運営の混乱を最小限に抑えられるような通貨を提供することができる。そしてこれが、おそらく望みうるすべてなのである。*

*そのような状況では、現金を持っている人が増価する通貨にスイッチすることを望むかもしれない、という疑問は残る。だがその時点では、そのような通貨は入手できなくなっているだろう。

第18章

金融政策はもはや不要且つ成立しない

MONETARY POLICY NEITHER DESIRABLE NOR POSSIBLE

本書で提案する制度の下では現在の形の金融政策が存在できなくなることははっきりしている。現在は、基本となる貨幣を発行する中央銀行と、それに寄生する格好の預金通貨の発行者との間で総供給量の責任を分担する格好になっており、中央銀行は総量がとめどなく増えたり減ったりしないよう慎重に対処しなければならない。しかしすでに述べたように、中央銀行は民間銀行の信用創造には間接的にしか影響力を行使できない。ほんの五〇年前には高度な金融知識の結晶とみなされていた中央銀行制度は、すでにかなり信用を落としている。金本位制と固定相場制を放棄して中央銀行が大きな裁量権を手にしてからのほうが、決められたルールに従うべく努力していたときよりも、一段と評判が悪い。インフレにさんざん苦しめられ、いまも物価の安定を金融政策の主たる目的としている国でも、事情は同じである。

経済の不安定性の元凶は政府である

金融政策の「微調整」の信奉者たちが影響力を持っていた(二度とそうなってほしくないものだ)一九六二〜七二年の一〇年間に起きた変動の大部分は、財政・金融政策が原因だった。金融当局の野望に当初は同調的だった有能な関係者自身が、そう証言している。* また、貨幣量の半自動的な制御が放棄されてからのほうが、金本位制と固定相場の時代よりも全般的に経済の不安定性が高まり、貨幣価値の変動が大きくなったことはあきらかだ。

競争通貨制度の下では、現在の形の金融政策は不要になり、それどころか存在できなくなる。このことに気づいたとき初めて、人々は通貨発行が自由になったときの経済の姿が現在とはどれほどちがうかを理解し始めるだろう。まず、発券銀行は自己利益の追求に徹することで、公共の利益に貢献する。しかも、表向き公益に資することを使命としてきた金融機関以上に貢献するはずだ。また、一国あるいは一地域における貨幣量を明確に把握することは不可能になる。どの発券銀行も、自行発行通貨の価値総額の最大化だけを目的とすることが望ましい。そのためには所与の価値で人々が保有してくれることが条件になる。通貨を選べるようになれば、人々は購買力の安定した通貨を好むはずだから、よりよい通貨が選ばれるようになり、これまでに存在したどんな環境よりも安定した事業環境が確保されるだろう。

社会主義者を始めとする批判論者は、大量失業の循環的な発生は市場の重大な欠点であり、この欠点は資本主義につきものの容認しがたい欠陥に由来するとして度々攻撃してきた。** しかし実際には、原因は政府にあったことがわかっている。民間企業は自由な活動と貨幣の発行を通じて経済の安定化に寄与しうるにもかかわらず、政府がそれを禁じてきたことが原因なのである。企業が安定化に資する貨幣を発行することと自己利益を追求することは両立しうるとわかっているし、許されていたら金融機関はそうしていたはずだ。民間企業が私の提案する方法を採用するかどうかはわからない。しかし企業というものは最も成功する可能性の高い方法を選ぶのがつねであるから、今日想像されるよりもよい解決方法をすぐに編み出すと考えられる。

＊O. Eckstein［14］.「伝統的に安定化理論では、私的資本主義経済を変動を生み出すメカニズムとみなしてきた……政府が不安定性を招く主要因であることはまちがいない」(p. 19)。「(一九六二〜七二年のアメリカにおいては) インフレ率はかなり低く、成長はゆるやかで、失業率はおおむね横這いでほとんど変化はなく、変動はおだやかになり、最終的には賃金や物価統制を回避できる状況になっていたはずである」(p. 25)。

＊＊マルクス主義の復活を促した一九三〇年代の長引く不況（そうでなければ、今日マルクス主義は死に絶えていただろう）の原因は、一九二九年の大暴落前後における政府による貨幣管理の失敗にある。

不況を招くのは金融政策である

金融政策は不況を解決するどころか引き起こしている可能性が高いのであり、このことをよく理解しなければならない。なぜ不況を引き起こすのかと言えば、金融緩和を求める声に屈してしまうほうが容易だからである。だがそれは生産をまちがった方向にねじ曲げ、後日必ず反動が起きることになる。経済活動が何らかの分野に偏ったとしても、金融政策は経済自体による自己修復を助けるだけでよい。市場経済が過去に不安定化したのは、市場のメカニズムの最も重要な自動調節装置である貨幣が、市場によって調節されていないことの当然の結果なのである。

独占的性格を持つ単一の政府機関は、貨幣量の調節に必要な情報を持ち合わせていない。それに、どうすれば全体の利益になるかを仮に知っていたとしても、それをする立場にはないのがふつうだ。市場秩序の主なメリットは、経済活動をする個人に対し、必要な情報を伝える役割を価格が果たすことにあると私は確信している。だとすれば、一定の商品の価格動向を常時チェックすることでのみ、どこにどれだけ資金を投じるべきかが見えてくるはずだ。貨幣というものは、供給量の調節によって想定通りの結果を実現する政策手段ではない。個人は、価格という抽象的なシグナルを通じてのみ経済の現状に関する情報を知り、それに合わせて経済活動をつねに微調整する。その意味で、貨幣は経済の自動操縦装置の一部なのである。世の中のさまざまなできごとの影響は、誰も完全には知ることができない。貨幣は自動操縦プロセスにおける有用な連結機構として、そうした影響を伝える役割を果たす。この働きは、経済活動の参加者それぞれの計画をうまく成り立たせるような市場秩序の維持に欠かせない。

政府には全体の利益に適う行動はとれない

さきほど述べたように、政府は貨幣の供給に関して何が全体の利益に適うかを知っていたとしても、そのように行動する可能性は甚だ低い。エクスタイン教授は先に引用した論文の中で、政府の顧問を務めた経験に基づき次のように結論づけている。

「政府は、〈安定した枠組みを提供する〉という方針で臨んだとしても、そのルールに従って存続することはできない*」。

政府というものは、特定の団体や集団に便宜を図る権限を手にすると、それを使わざるを

＊O. Eckstein [14], p. 26.

得ない。というのも多数決の原理に囚われ、多数の支持を確保することを優先させるからだ。声高に要求する地域や産業により多くの資金が投じられるよう貨幣量を操作し、彼らの不満をなだめる誘惑に抗しきれない。これは適切な救済策とは言いがたいうえに、まちがいなく市場の適切な機能を損ねる。

戦争のように真に急を要する状況では、政府は通常の歳入で賄いきれない出費に充当するために、国民に国債その他の証券を強制的に買わせることが可能だ。このような強制的な借り入れの類いによる貨幣量の調節のほうが、急変する状況に産業を即応させるうえで、インフレよりまだましだろう。インフレは、価格メカニズムの効果的な働きを阻害してしまう。

★国際収支問題はもはや存在しない

それぞれの国に固有の通貨というものがなくなれば、当然ながら、今日の金融政策において悩みの種であるいわゆる国際収支問題も消滅する。ある地域が相対的にゆたかになり、他の地域が相対的に貧しくなるにつれ、必然的に地域間で相対的・絶対的な通貨供給量の再分配が絶えず行われることになる。だがこれは、ある程度大きな国の地域間で現在起きていることと同じであり、それ以上の困難を引き起こすとは思えない。ゆたかになった人はお金をたくさん持ち、貧しくなった人はすこししか持たない、それだけのことである。現行制度では、ある国で通貨供給量が著しく減少すると、それを基盤として創造された信用という上部構造を縮小しなければならない。しかし現行制度に固有のそうした問題はもうなくなる。

同様に、一国の価格構造が近隣国の価格動向と緊密に連動することもなくなる。よって、一国の物価水準が他国の水準に対して相対的に変動するといった統計上の錯覚も消滅する。そもそも国際収支問題というものは、各国がそれぞれ固有の通貨を持つからこそ生じる無用の問題だということもわかるだろう。国ごとに固有の通貨を持つから、国内物価が国際物価以上に他国の物価水準と連動するという好ましくない現象が起きるのである。

望ましい国際経済秩序の観点から言えば、国際収支問題は見せかけの問題に過ぎず、貨幣発行を独占する機関以外、誰も心配するにはおよばない。国別の通貨が姿を消せば、自分の国や地域の国際収支がどうなっているかを誰も知らず、したがって誰もそんなものを気にしないし心配する必要もないという、統計とは無縁の幸福な時代に戻ることができる。これは、なかなか大きなメリットと言えるだろう。

貨幣増発は中毒になる

政策当局や独占的な貨幣発行機関が貨幣増発の権限を備え、したがって貨幣価値を下げられることは周知の事実である。そこで安く借りられるに越したことはないと考える人たちは、こうした機関にどうしても圧力をかけたくなるものだ。供給量を増やして人為的に貨幣価値を下げれば、たしかに借り手を（それ以外の人を犠牲にして）助けるし、一時的には事業活動全般を刺激する効果がある。このような貨幣増発は市場の働きを損なうのだが、そのことはすぐにはわからない。だが財の追加的な購入のための資金をこんな具合に供給していると、相対価格構造を歪ませ、持続できないような事業に資金を振り向けることになる。そうなれば、将来に何らかの反動は避けられない。ところがこうした影響は間接的で、しかも時間を要する。したがって、直接的で心地よい影響、とくに追加投入された資金を最初に借りた人の利益に比べると、気づきにくい。

ある人が何らかの財を他人に供給したとしよう。その財と等価の財を買いたいと思うときまでとっておけるような交換手段の提供は、等価の財の生産と同じく有用なサービスである。そうした現金需要の増大に貨幣量の増加で対応する（または現金需要の減少に貨幣量の減少で対応する）場合、他の財やサービスの需給関係を乱すことはない。だが一部の人に対し、他の人が引き出しを先送りした預金残高以上の資金を貸し出し、本人の稼ぎ以上に買えるようにすることは、盗み同然の犯罪行為にほかならない。

この犯罪行為は、独占的な貨幣発行機関とくに政府がやってのける場合には、ひどく儲けが大きい。その結果がどうなるかがよく理解されていないため、この行為は広く容認され、罰されずに終わっている。だが競争通貨の発券銀行がこんなことをするのは自殺行為だ。サービスを台無しにし、人々はもうその通貨を持ちたいとは思わなくなるだろう。

独占発行機関による貨幣の供給過剰という犯罪は、人々の知識不足のために、いまだに放置されるどころか称賛されている。市場の円滑な機能がたびたび妨げられる主因の一つは、ここにあると言えよう。そこで、この方面で功績を上げようとする政治家は、一段と望ましくない結果を招くことになりがちだ。まして大組織の意向に従わざるを得ない人は、必ずそうなる。対照的なのは、通貨発行事業の成功は発行通貨の購買力を一定に維持できるかどうか次第だと理解している発券銀行だ。彼らは、事業の間接的影響は意識せずおおむね自己利益の追求に徹することで、公共の利益によりよく寄与するにちがいない。

中央銀行は不要になる

政府による独占的な貨幣発行を廃止すれば、当然ながら現在の形の中央銀行も不要になる。この点について、ここではっきりと述べておくほうがいいだろう。と言うのも、中央銀行の役割を果たす民間銀行の創設を思いつく人がいるかもしれないし、政府による貨幣発行の独占は廃止しても、中央銀行の伝統的な役割、たとえば「最後の貸し手」や「最後の準備金の担い手」の役割を果たす機関はやはり必要だと考える人がいるかもしれないからだ。*

だがそのような機関が必要とされるのは、独占発行された通貨建ての要求払い預金を民間銀行が引き受けることによって、他行（つまり現在の中央銀行）の発行した通貨で払い出す預金通貨を創造しているからにほかならない。このことが、なお検討の余地はあるものの、現行の信用システムが不安定化し、その結果として経済活動全体が大幅に変動する最大の原因だと考えられる。中央銀行つまりは政府による貨幣の独占発行が廃止され、法律による法貨の規定がなくなれば、銀行は自らの支払能力を、他行の発行した通貨に依存すべき理由は何もなくなる。ウォルター・バジョットの言う「単一準備制度」は、貨幣の独占発行と不可分の制度ではあるが、独占が打ち切られれば必要がないし、望ましくもない。

それでも、通貨の流通に必要な「伸縮性」を確保するためには中央銀行が必要だ、という見方もあるかもしれない。この「伸縮性」という言葉は、インフレ誘導の必要性を偽装するためにかつて濫用されたが、この言葉に惑わされて真の問題を見誤ってはならない。真に問題なのは、供給の伸縮性と貨幣価値の安定は両立しうるか、ということである。この問題は、ある通貨の発行者が、通貨発行事業の成否はその通貨の価値が（商品バスケットに対して）安定するように供給量を調節することだと承知している場合にのみ解決される。追加的な供給によって物価が押し上げられる場合には、この追加供給は正当化できない。たとえ誰かが緊急に現金を必要とした場合（つまり支出のための現金であって、手元現金の準備を増やすためではない）であっても、である。ある通貨がどこでも通用する、すなわち真の意味での流動性を持つようになるのは、多くの人がその購買力の安定性を信頼し、他の流動資産よりその通貨を選ぶときなのだから。

流動性に限りはないが、購買力には限りがある。購買力とは、消費する財や生産に投じる財を買うことのできる力であるが、買える財が無限には存在しないため、購買力も限られることになる。人々が支出目的ではなく保有目的でのみ流動資産を欲する限りにおいて、欲しがる

＊この役割とその由来についての標準的な説明は、やはりバジョットが行っている。「銀行業本来のあり方は、すべての主要銀行が個別に準備金を保有していることだ」と正しく述べた。W. Bagehot [3], p. 142.

だけ増発しても価値を損なうことはない。だが何らかの財に支出する目的で流動資産を欲する場合には、欲しがるだけ増発したらその価値は消えてなくなってしまうだろう。

金利の決定も不要になる

中央銀行が廃止され、貨幣の独占発行も打ち切られれば、当然ながら、金利の意図的な決定もできなくなる。いわゆる「金利政策」がなくなるのは、まことに結構なことだ。金利は、他の財の価格と同じく、貸し出しの需給に影響をおよぼす何千何万もの要因を反映したものでなければならない。しかしそのような情報をある一つの組織が知ることは不可能である。何であれ価格が変化すれば、だいたいにおいて誰かしら不利益を被る人が出てくるものだ。にもかかわらず金利を変更する場合(他の価格もそうだが)、誰も知り得ないはずのあらゆる要因を勘案したうえで利上げ(または利下げ)が必要になったと発表される。しかし、そもそも金利を政策手段として使うという考え自体が完全にまちがいだ。金利決定に当たって考慮すべきあらゆる要因を勘案できるのは、自由市場における競争だけなのだから。

各発券銀行が自行の発行通貨の購買力を一定に保つべく、貸出業務においてその通貨建ての貸出残高を調節しようとするなら、それを可能にする金利は市場で決まるはずだ。すべての銀行による貸し出し（借り手の目的は投資であって保有ではないとする）の合計は、物価水準を押し上げないことを条件とすれば、産出量の増加に応じて総需要を拡大させる分を超えて、預金残高合計を上回ってはならない（逆に物価水準を押し下げないことを条件とすれば、産出量の減少に応じて総需要を縮小させる分を超えて、預金残高合計を下回ってはならない）。この状況では、投資資金需要と物価水準の安定的維持に必要な供給量とが均衡する水準で金利は決まるはずだ。この金利水準では、貯蓄と投資が望みうる限りで最も等しくなると考えられる。なお、人々が手元に残したい現金残高の変化に応じて資金需要が変化することを考慮し、通貨供給量をそれに見合うよう変える余地は残されている。

政府は、政府自身の正味借入額によってこの市場金利に影響を与えることはなお可能である。だが低いコストで借り入れる目的で金利を操作するという悪質な行為はもうできない。この行為は過去に多くの弊害を引き起こしており、この点を考慮するだけでも、政府を貨幣発行から遠ざける立派な理由になると信じる。

★★

第19章 固定相場制より望ましい規律

A BETTER DISCIPLINE THAN FIXED RATES OF EXCHANGE

私が四〇年以上にわたって固定相場制を支持してきたこと、自由市場擁護論者である同僚の多くが変動相場制を支持するようになってからもなお変動相場制を批判していたことをご存知の読者もおられよう。* そうした読者にとっては、私の現在の立場は従来の見解と一致しない、そ

＊私は一九三七年にジュネーブで行った講演「貨幣国家主義と国際的な安定」において、自分の立場を初めて体系的に説明した。Hayek［27］．そこには、急いで書き上げたためあまり出来のよくない一連の講演原稿が含まれている。この問題には早くから関心を抱いていたのだが、これを書いたときには別の問題に忙殺されていたためだ。この講演では、各国通貨間の変動相場制に対する重要な反論の根拠を示すことができたと私はいまも信じているし、私の反対論に対して適切な再反論が行われたことはない。とはいえ、大方の人が講演を読んだことがないとしてもとくに驚きではない。

れどころか正反対だと当初は感じられるかもしれない。だが、けっしてそうではない。現在の私の提案は、従来の立場の根拠となっていた判断を次の二点で発展させた結果なのである。

第一に、何らかの市況商品の需要または供給が変化した場合、変化を逆転させるべく（変動相場制の下での通貨価値の変動を通じて）一国の財やサービスの価格全般が他国の価格全般に対して上下するのは、まったく望ましくないと常々私は考えてきた。国内価格全般の変動は必然だという誤解は、統計データの存在に起因する。つまり統計では、一国の物価の平均的な動向が指数の形で示されるため、そこに表れる通貨の「国内価値」が他国の通貨の価値に比例して変動すべきだという誤った印象を与える。だが本来必要なのは、その市況商品の各国間の相対価格を調整することのほうである。各国の価格全般の関係調整が必要だという従来の仮定がもし正しいとすれば、国際通貨制度が不備であるからそのような望ましくない人為的な作業が必要になったのだと言わねばならない。その不備を生み出したのは、預金通貨を上部構造に持つ金本位制である。以下では、この問題をさらに掘り下げて考えることにしたい。

国が発行する通貨の保護を打ち切る

第二に、私が固定相場制を必要だと考えてきたのは、現在あらゆる通貨の完全な自由市場を支持するのと同じ理由からである。すなわち、通貨発行機関には何らかの規律や規制を課すことがぜひとも必要だということだ。だが当時は、競争通貨を排除する権限を通貨発行機関から取り上げてしまえば、固定相場制よりはるかに効果的な規律が働く可能性に私は気づいていなかったし、おそらく誰も気づいていなかった。

従来は、金または他通貨との固定交換比率を強制的に維持することが唯一の規律として働き、これでもって恒常的な通貨増発圧力に通貨当局が屈することを防いでいた。この規律は言わば自動調節装置であり、通貨発行機関は供給量を勝手に変えることができなくなるからだ。金本位制も固定相場制も、他の何らかの固定交換比率も、通貨発行機関にこうした規律を強制する目的のみを果たしていたと言える。しかしこの規律は、政府の違反を防げるほど強力ではないことを露呈する。自動調節は完璧どころか、とうてい満足できるものではなかった。そうは言っても、通貨がともかくも規律下に置かれている限りにおいて、貨幣発行を独占する政府がこれまで長きにわたって裁量的に行ってきたことに比べれば、はるかにましだった。この規律が課す義務に違反するのは国家の恥だという信念に突き動かされた通貨当局は、通貨増発圧力に頑として屈しない姿勢を維持できたのである。

賢明且つ政治的に独立した通貨当局ならば、金または他国通貨との固定相場の維持を強制されて行動するより、ひょっとするとうまくやれるのかもしれない。私はそれを否定するつもりはない。だが現実の世界の通貨当局に関する限り、善き意図を長期にわたって貫き通せるとは思えない。

金は「不安定な錨」である

いまでは広く理解されているとおり、金（または他の通貨）と交換できる通貨の価値は金の価値に由来するのではなく、単に通貨供給量の自動調節を通じて金と等しい価値に維持されているだけである。迷信はしぶといものだが、通貨の価値が、含まれる金の価値、それも貨幣鋳造以外の用途に使ったときの価値（またはその生産費用）によって決まるという考えは迷信に等しい。たとえ金本位制下であってもこれは事実ではないし、この逆ももちろん事実ではない。つまり金の価値が、金と交換可能な通貨の価値によって決まるはずもない。歴史を振り返ると、一定期間にわたって価値を維持してきた貨幣がすべて金属でできていた（または、金か銀に交換可能だった）ことは事実である。だが政府は遅かれ早かれ金属貨幣でさえ悪鋳に走ったのだから、現在流通しているあらゆる紙幣が一段と粗悪になったのも当然だろう。そこでいまや多くの人が、金属（または商品）本位制に回帰するよりほかに事態の改善は望めないと考えている。

だが金属貨幣に回帰すれば、またもや政府による詐欺行為の標的になりかねない。そのうえ政府発行の金属貨幣は、最もうまくいったとしても、けっして勝てないライバルがいる。それは、多くの人に選んでもらえる貨幣を供給することに事業の存続が懸かっているような機関が発行する貨幣である。金は錨であり、どんな錨でも、政府の裁量に委ねられた貨幣よりはましだ。しかしこの錨はひどくぐらぐらしている。大方の国がそれぞれに金本位制の運営を試みたら、とうてい持ちこたえられまい。とにかく十分な金がないのである。国際金本位制と言っても、今日では少数の国だけが真の金本位制を維持する一方で、他国は金為替本位制（gold exchange standard）を通じてぶらさがっているだけの制度に成り下がっている。

競争からは政府独占にはるかにまさる貨幣が生まれる

これまで金がやり遂げてきたことよりも本書の提案のほうがうまくいく、と私は確信している。政府には金本位制よりうまくやることはできないが、良貨の供給合戦で鍛えられた自由企業ならうまくやれるはずだ。金本位制では、貨幣の兌換性を確保するために面倒で費用のかかる金準備が必要だが、競争通貨の場合には準備の必要はない。金準備は、金本位制の自動的な運用に必要であるとともに、商品準備本位制より実施が容易だという印象を与えてきた（しかし理念としては商品準備本位制のほうがはるかにすぐれていると思われる)。たしかに商品準備本位制では、原料を始めとする多様な本位商品を貯蔵するというひどく結構な計画が立てられたことがある。本位商品の組み合わせを固定して貨幣の交換性を確保し、それによって貨幣価値の安定をめざすためだ。だが貯蔵には途方もなくコストがかかるし、大量の貯蔵はとうてい現実的ではないため、結局この案はお蔵入りとなった。* だが、発行者に貨幣量の調節を強制する予防措置が必要または望ましいのは、発行した貨幣を基準より増価または減価することが発行者の利益になる場合だけだと考えられる。つまり貨幣の兌換性は、独占発行者に対してのみ必要な安全装置であって、競争する発行者には不要なのである。なぜなら、他の発行者と少なくとも同じくらい魅力的な通貨を供給しない限り、通貨発行事業で生き残ることはできないからだ。

貨幣発行において政府の独占は必要ない

私は一九六〇年まで、つまり比較的最近まで、政府から貨幣発行権を奪うことは現実的ではないし望ましくもないと考えていた。たとえ可能だとしても、である。** そう考えたのは、どの国もただ一種類の貨幣を持つべきだという暗黙の共通認識にまだ依拠していたからだ。一つの国または地域の中で複数の通貨が競争する可能性など、考えもしなかった。一種類の貨幣しか発行を許されないなら、その独占発行権はたしかに政府の監督下に置くべきだろう。複数の通貨が同時に流通したら、多少は不便かもしれない。だがその影響を注意深く分析すれば、不便さを大幅に上回る利点があり、両者を比べれば不便さなどほとんどとるに足らないことがわかるはずだ。ただ、通貨の競争という状況になじみがないため、不便さが実際以上に大きく感じられるのだろう。

貨幣の強制と自発的な選択のちがい

歴史上のすべての出来事は、多くの人々が紙幣に対して抱いている不信感を裏付けているように見える。だがこの不信感に根拠があると言えるのは、政府が発行した貨幣についてのみだ。「不換紙幣」という言葉は、しばしばすべての紙幣がそうであるかのように使われているが、言うまでもなくこの言葉は、政府の恣意的な命令などによって押しつけられた貨幣にしか当てはまらない。強制されたという理由だけで流通する貨幣と、発行者が価値の安定を図ると信じたからこそ人々が受け入れた貨幣とは根本的にちがう。後者は、政府が招いてきた悪評に悩ま

＊Friedman［19］を参照されたい。
＊＊Hayek［29］, pp. 324～.

されることはないはずだ。

　貨幣というものは、希少だと知られており、且つ実際に稀少である限りにおいて、価値がある。だからこそ、現在通用している価値で相手に受け取ってもらえるのである。発行者が希少性を維持するだろうとの信頼感から自発的に選ばれた貨幣であって、且つ発行者がその信頼に応える限りにおいて使われ続ける貨幣は、定まった価値で確実に受け取られるようになるはずだ。そうした通貨を持っているほうが、よく知らない他の財を持つよりリスクが小さいと人々は気づくにちがいない。人々がこの通貨を選ぶのは、予めほぼわかっている価値でもって他の人が快く受け取ってくれるからだ。他の人々も同じ理由からこの通貨を選ぶようになり、その他の人々もまた……という具合で、この相乗効果が無限に続く。こうしてこの通貨に対する信頼が高まるにつれて、その流通はいっそう安定化すると考えられる。

★名目貨幣（token money）は法律の強制によって流通するだけで、本来的な価値を持つ何らかのものと（その現在価値で）交換を要求する法的権利が所有者に与えられていない。そのような貨幣がかなり長期にわたって通用し、また価値を維持しうることは信じがたい、と一部の人々は考えているようだ。だがこの人たちは、欧米では過去四〇年にわたり、この兌換不能な名目貨幣しかなかったことを忘れているらしい。私たちが使用を強制されたさまざまな紙幣は現に価値を維持してきたし、その価値はしばらくはごくゆっくりと下がっただけだった。価値がおおむね維持されたのは、最後は何かと交換してもらえるという期待からではなく（兌換不能であるからそのような期待は持てない）、その国の唯一無二の通貨の独占発行権を握った機関が、不十分ながらも貨幣量を制限したからである。一ポンド紙幣の券面には「私は要求に応じて持参人に一ポンドを払い出すと約束する」と明記され（もちろん五ポンド紙幣なら五ポンド払い出すと明記される）、イングランド銀行総裁と法人の代理として出納長の署名があるが、この一文は結局のところ、一片の紙切れを他の紙切れと交換することを約束したに過ぎない。

貨幣量の調節は独占発行機関すなわち政府の裁量に完全に委ねられており、政府は発行した貨幣の一部を他の貨幣や証券と交換することによって貨幣量を調節する。これはまさに、人々の手の中にある貨幣量を直接調節するやり方である。こうしたわけだから、「グリーンバックの価値は、政府が発行を増やすか減らすかによって変動する」ということが当たり前のごとく受け入れられていた。グリーンバックとは、南北戦争中に戦費調達のために発行された法定ドル紙幣のことである。*

この意味で、過剰に発行すれば必ず利益を手にする政府は、利用者の信頼を裏切らないことに通貨発行事業の浮沈が懸かっている民間発行者ほどには信頼できない。歴史もこのことを証明している。欧米先進国におけるここ半世紀の経験を踏まえてなお、民間発行通貨より政府発行のほうを信用する人がいるだろうか。繰り返すようだが、民間発行者は、生き残れるかどうかは良貨を発行できるかどうか次第だと承知しているのである。

★★

＊W. Bagehot [3], p. 12.

第20章

個別の通貨圏を形成すべきか？

SHOULD THERE BE SEPARATE CURRENCY AREAS?

どの国にも固有の通貨があり、国内の取引はすべてその通貨建てで行われることに人々は慣れきっている。だから、国内物価全般が他国の物価全般に対して変動することが自然であり必要でもあると考えがちだ。だが、そんなことはまったく必要ではないし、いかなる意味においても自然ではなく、また望ましくもない。

一国一通貨は必然でも望ましくもない

関税を始め、国境を越えた人とモノの自由な移動を妨げる障害物が存在しない状況においては、各国の物価がそろって動く傾向を示すのは、国ごとに通貨制度が運営されていることの結果であって、国ごとに異なる通貨を持つことを正当化するものではない。国ごとに通貨を管理運営する体制は、他の多くの国家的な制度や権力の強化につながっている。たとえば国際問題において各国の代表が交渉権を持つことなどがそうだ。その結果、国ごとのちがいが一段と強調されることになる。こうした流れになったそもそもの原因は、通貨供給の裁量権を政府が握ったせいで、国際関係の秩序と安定の観点からすればじつに好ましくない行動を政府がとれるようになったことにある。これは、国家社会主義者でなければとうてい容認できない事態であり、円滑な国際関係の維持にとっては有害でしかない。

国の発行する通貨を競争から保護したからこそ国家による通貨発行の独占が可能になったのであって、保護がなかったら、たまたま同一政府の統治下に置かれた領土がそのまま単一の経済圏を形成すべき理由はないと言ってよかろう。なるほどそのような経済圏では、他の経済圏とは異なる単一の通貨のみが通用することに利益がある。だが国際貿易依存度が高くなれば、たまたま同一政府の統治下に置かれた複数の地域を一つの経済圏として扱うのは意味がない。ようやく最近になってこの事実に気づいたごく一部の経済学者は、どんな通貨圏のあり方が望ましいのかを模索し始めた。だが結局、この問題に答を出すのはむずかしいと認めるだけに終わっている。*

歴史を振り返ると、国が発行する通貨は政府の権力を強化する手段にほかならなかったことがわかる。だが現代の一国一通貨論者は、ある地域のすべての価格が他の地域のすべての価格に対してそろって上がったり下がったりするしくみを支持している。と言うのも、何らかの自国産品の国外需要が落ち込み他国に移ってしまったときに、その産業の価格群、とくに賃金を引き下げる必要から免れるからだ。だがこれは、政治的なその場しのぎである。実際には、需要減の影響を直接被った少しばかりの品目の価格を下げておかなかったせいで、自国通貨の下落後に国際収支の均衡を回復するために、もっと多くの品目の価格を引き上げざるを得なくなるだろう。だから各国通貨間の変動相場制を要求するのは、根源的にはインフレ誘導的な動機があったということになる（ただし、黒字国に相場調整の負担を押しつけるという愚かな試みがなされたが）。だが他国のインフレ誘導策の影響を遮断しようとする国も、のちに変動相場制を採用するようになった。

★特定の個人あるいは集団の貨幣所得の減少を防ぐために政府が何らかの措置を講じることが正

＊McKinnon［40］および Mundell［49］.

当化できないのと同じで、ある地域または社会で流通する貨幣量の減少を防ぐために政府が介入することも、正当化できない。たとえその措置によって、その地域なり社会なりの住人の生活が一時的に楽になるとしても、である。予想外の変化が起きたとき、特定集団だけはそれに適応せずに済むよう便宜を図ってやる権限は誰にもない。いや、誰もそのような権限を持たないことが誠実な政府の基本条件だと言える。もし政府にその権限があるとすれば、政治上の必要から、いつでもそれを行使せざるを得なくなるにちがいない。

★★

物価の押し上げは硬直的な賃金問題の解決にはならない

賃金の硬直性に起因する問題を解決する容易な方法は、賃金を含む一国の物価全体を押し上げてしまうことだとされてきた。だが従来の経験からすると、このやり方は事態を悪化させるだけである。と言うのも、労働組合は賃上げを要求する必要がないので、それに伴って生じていたはずの失業の責任をとらずに済む一方で、物価全体が上がったとなれば、政府にはその影響を緩和するよう強い圧力がかかることになるからだ。だから私は従来通り、一国一通貨制や変動相場制にはいまも反対である*。ただ、いまでは一国の通貨を固定レートで他国の通貨と交換可能にするだけの制度よりも、通貨の国境をすっかり取り払ってしまうことを支持するようになった。ある国を世界の物価から切り離し、その国の商品群の価格を他国の同一商品群の価格に対してまるごと上げ下げするという発想自体、個別の価格（ミクロ）は問題にせず一国の物価水準（マクロ）だけに着目する人間の頭からしか生まれないだろう。彼らは、一国の物価水準が人間の行動を決定づけるとし、相対価格の果たす役割を考えることをやめてしまったらしい。

国内物価水準の安定化は経済活動を混乱させる

大規模な貿易によって他国と相互に結ばれているような国について、その物価水準が安定していることを望むべき理由は実際には何もない。需要がA国からB国へ移ったりC国からA国へ移ってきたりするのに、物価水準を安定させようとするのは、市場の機能を助けるどころか妨げるだけである。この点に関する限り、ことが地域や地方レベルであっても、国レベルであっても、本質的にちがいはない。たとえば航空機の需要がシアトルからロサンゼルスに移ったとしよう。すると、シアトルでは失業が発生し、所得が減少し、おそらくは小売物価が下落する

＊一国一通貨制の他の側面や国内物価水準に関する思い込みがなぜ生まれたかについては、拙著「通貨国家主義と国際的安定性」（邦訳は春秋社版ハイエク全集II－2、『貨幣論集』に収録）でくわしく論じた。Hayek [27], p. 43.

だろう。そしてシアトルで賃金水準が下がれば、他の産業が進出してくるかもしれない。だが、このときシアトルで、あるいはワシントン州全体で通貨供給量を増やしたところで、その直後は別とすれば、何らプラスの効果はないだろう。いや、アメリカ北西部が固有の通貨を持ち、一部住民の不運を救うためにその供給量を維持さらには増大させたとしても、問題はすこしも解決しないはずだ。

各国が独自の通貨を持つべきだという主張には何の根拠もない。だがそれはそれとして、競争通貨の自由な発行が通貨圏の形成につながるかどうか、正確には、複数の通貨が流通する中で一種類の通貨が優勢な通貨圏が形成され、且つ通貨圏ごとに異なる通貨が優勢になるかどうかは、言うまでもなく別問題である。すでに第12章で論じたとおり、通貨の価値が連動する商品バスケットの構成品目であって、価値を一定に保つべき商品に関しては、それぞれの国で異なる選好が示されるかもしれない。たとえば消費の大半が米、魚、豚肉、木綿、木材で占められるような原始的な経済を営む国では、これらの品目の価格だけが関心の的になるだろう。もっともこうした地域固有の傾向は、通貨の選好において打ち消される可能性がある。というのも、地域密着型通貨の発行者より国際的に評価の高い通貨の発行者を信頼して通貨を選ぶ人々が多数存在するからだ。競争者が現れる可能性があると心得て、自らの発行通貨の安定を図る発行者が存在する限りにおいて、広い地域にわたってその一種類の通貨だけが日常的に使われるケースが出現しても驚くにはあたらない。どこであれ、競争の可能性が存在することは、現実の競争とほぼ同じ効果があるからだ。それに、広く通用する通貨の場合、万一疑念が生じても通貨同士は交換可能であるから、外国と取引する者は手持ちの疑わしい通貨を他の通貨とすみやかに交換することができる。

なお、ある一種類の通貨が優勢な通貨圏は、固定された明確な境界を持たないと考えられる。他の通貨圏と重なり合い、それぞれを分つ線はその時々で移動するだろう。だが、競争通貨の原則がひとたび経済先進国の間で受け入れられれば、国民に制度を選ぶ権利がある他の国にもおそらくすぐに広まるはずだ。ただし、通貨管理を行わないことが誠実な文明国の証となった後でも、貨幣の支配権を手放そうとしない独裁者が治める領土は飛び地のように残るだろう。

第21章 政府財政と支出への影響

THE EFFECTS ON GOVERNMENT FINANCE AND EXPENDITURE

政府の財政運営と貨幣供給の適切な管理という二つの目標は完全に異質なものであり、相容れない部分が多い。したがって両方を同じ機関が実行するのは混乱を来すし、近年では悲惨な結果を引き起こしている。政府が財政と貨幣発行の両方を掌握したせいで、貨幣に起因する景気変動が頻々と起きるようになっただけでなく、政府支出を野放図に拡大することが容易になった。健全な市場経済（ひいては個人の自由）を守りたいのであれば、金融政策と財政政策の罪深い結婚を解消すること以上に急を要する課題はない。長らく内密にされてきたこの結婚は、ケインズ革命の勝利をもって正式に祝福されている。

財政上の「必要《ニーズ》」が貨幣供給に与える不幸な影響について、このうえくわしく述べる必要はなかろう。最近までの大幅インフレは、すべて政府が財政上の必要を紙幣増発で満たした結果だったのである。それだけではない。財政が比較的安定していた時期でさえ、中央銀行は政府の財政上の必要に応じるために、金利をつねに低水準に維持しなければならなかった。これは中央銀行にとって頭痛の種であり、金融の安定性を確保しようとする努力は絶えず妨害され、金融政策にインフレバイアスがかかる結果となっている。金本位制のメカニズムによってインフレ傾向に歯止めがかかるのではあるが、それは遅きに失することが多かった。

民主国家の政府には健全な貨幣発行はできない

政治に干渉され、強い政治的圧力にさらされる中央銀行には、市場が健全に機能するようなやり方で貨幣供給を調節することは不可能である。そう断言しても過言ではあるまい。良い貨幣は、良い法律と同じく、発行者の決定が既知の集団や個人に与える影響とは無関係に運用されなければならない。博愛的な独裁者であれば、ひょっとするとそうした影響を無視できるのかもしれないが、利益団体の支持に依存する民主国家の政府にそれができるとは思えない。だが、貨幣量を調節する権限を特定目的のために行使すれば、価格メカニズムの均衡化作用を破壊してしまう。価格メカニズムの均衡化作用は市場の秩序維持に欠かせない。そして秩序ある市場こそが、人々にそれぞれの目標を実現する機会を与えるのである。

政府が貨幣発行を独占すると政府支出が野放図に拡大する

財政上の配慮にしたがって決定される金融政策が引き起こすよからぬ結果については、すでに十分に論じたと思う。しかし貨幣供給に関する政府の権限が財政政策におよぼす影響については、なお検討を要する。競争のない独占的な貨幣発行者が健全な規律に従わなくてよいのと同じように、貨幣供給の管理権限を握る政府は、予算を歳入の範囲内に抑える必要がない。社会主義を信奉する経済学者の間でケインズ経済学があっという間に人気になったのは、このためだ。なにしろ各国の財務大臣は、「赤字財政大いに結構」と経済学者から聞かされたのである。それどころか、遊休資源が存在する限りにおいて、政府の追加的な支出は国民に何の負担もかけないとも言われた。かくして、政府支出の急拡大を食い止めていたタガは外れてしまったのだった。

過去三〇年にわたる政府支出の大幅拡大が可能になったのは、貨幣発行を政府が独占していたからだったことに疑いの余地はない。なにしろ欧米の一部の国では、政府は国家の目標なるものを実行するために国民所得の半分以上を使っている。インフレによって国民の実質所得が膨らみ、多くの人が当初の予想税率より高い税率区分に押し上げられた結果、政府の税収は予想以上にハイペースで増えた。その一方で、巨額の財政赤字が常態化したことに加え、歳出超過が容易であることも相俟って、実質産出高のうち政府が使える割合も一段と増えている。

不均衡予算を容認すべきではない

予算を単年度で均衡させるよう政府に要求することには、じつはあまり意味がない。ただ、季節が一年で巡ることや企業の会計慣行が確立されていることを考えれば、この要求ももっともと言えるだろう。それに、季節変動を伴う一定期間ごとに収入と支出を均衡させる企業の商習慣も、単年度の予算均衡の実施を支持する材料となる。経済の大きな変動を防ぐしくみが他にもあるとしても、伝統的な単年度予算はやはり予算を均衡させる最善の方法だと考えられる。

通貨供給量の調節を民間発行機関の競争に委ねれば、通貨価値が安定するだけでなく、景気の安定化にもつながるという仮説が正しいとすると、失業を減らすには財政赤字が必要だという主張は、結局のところ、政府による貨幣量の供給管理が引き起こした病気を治すには政府による貨幣量の供給管理が必要だと言っているのと同じことである。安定通貨の場合、政府が収入以上に使うことが望ましいという理由は何もない。政府支出が経済不安定化の要因にならないようにすることのほうが、政府という手際の悪い機構が（まずもってありそうもないことだが間に合うように行動したとして）経済の低迷に何か手を打てるようにすることよりずっと重要である。

今日では、財務大臣が歳入を上回る予算を組むことも、その予算すらオーバーすることもかんたんにできる。その結果、現在の財政運営は、かつての慎重なやり方とは似ても似つかぬものになっている。予算要求が次々に認められれば、もっと気前よく使ってよいのだということになりがちだ。つまりこれは自己加速的なプロセスであり、予算の膨張を抑えたいと願う人がいたところで止めようがない。損得勘定とは無縁の官僚機構は、膨張し続けるようにできているのである。官僚機構の肥大化を防ぐことがいかに困難かを知っている人は、厳格な予算制約以外に政府支出の無制限の膨張を防ぐ手立てはないこともよくご存知だろう。

誰でも浪費を続けたら借金を返せなくなる。政府も、他の公共機関も、そうあるべきだ。そしてこの当たり前の状況に戻さない限り、政府支出の拡大には歯止めがかからないだろう。そして政府が肥大化すれば、民間の活動が圧迫されることになる。現時点で主流の自由な民主主義の下では、政府は何らかの団体に便宜を図る権限を持ち合わせており、過半数を獲得するために利益団体の票を買いたくなる強い動機がある。何か越えられない強固な壁が立ちはだかっていない限り、この世で最強の意志をもってしてもこの誘惑には抵抗できまい。政府が予想外の必要に迫られて国債を発行することや、投資資金を国債で調達することは、もちろんあるだろう。だがそうした資金を紙幣増発でまかなうのはきわめて望ましくない。また、拡大する経済では追加的な生産要素の供給者にはより多くの現金が必要になるが、そのニーズに応えるために貨幣量を紙幣増発によって増やすことも、同様に望ましくない。

政府の貨幣発行独占は中央集権化を助長する

中央政府に紙幣増発による資金調達ができるとなれば、それはまちがいなく、最も望ましくない形での中央集権化の進行を助長する主因の一つとなる。したがっていまぜひとも必要なのは、政府から貨幣発行の独占権を取り上げることだ。そうすれば、政府支出の加速的拡大という一見抵抗しがたい傾向にも歯止めがかかることになる。この傾向を放置すれば、ほんの数年のうちに政府支出が国民所得の一〇〇%を占めることになるだろう（すでにスウェーデンとイギリスでは六〇%を上回っている）。そうなれば、政府による産出高の独り占めという意味で、文字通り「全体主義」に陥ってしまう。*政府財政は、貨幣発行や供給管理の権限からの分離を進めるほど健全化する。権力というものは何によらずつねに有害だが、それを資金調達目的で行使するのは例外なく濫用だと言わねばならない。そのうえ政府は、経済活動の円滑化のために権力を行使することには関心もなければ、その能力も持ち合わせていない。

★本書では、政府から貨幣発行独占権を取り上げること、また政府発行貨幣を既存債務の返済手段として強制力を持つ「法貨」と定める権限も剥奪することを繰り返し提案してきた。この提案をする第一義的な理由は、歴史を通じて政府が必ずこの権限を甚だしく濫用し、それによって自律的な市場メカニズムの働きを深刻に妨げてきたことにある。貨幣に関して無制限の権限を持つ政府は、無制限に肥大化しかねない。これを食い止めるには、追加的な資金を供給する蛇口を政府から切り離すほかないことがわかってくるはずだ。政府の肥大化は、貨幣発行独占の害悪に劣らず、文明の未来を脅かすことになるだろう。まずは人々が、政府の支出はすべて公明正大な税金（国民から取り立てる）または借金（国債を通じて国民から自発的に貸してもらう）

＊「全体主義」に陥ることの危険性が十分に理解されていないのではないかと懸念される。その証拠の一つとして、老後に頼れるのは政府年金だけだと考える傾向が広がっていることが挙げられる。と言うのも、過去の経験からすると、この状況に置かれた政府は急場しのぎの策として、貨幣の実質価値を人為的に維持さらには増価させる可能性があるからだ。

でまかなうほかないことをはっきり理解しなければならない。そのときようやくにして、増え続ける特定利益団体に便宜を図ってやって票を買おうとする政府の悪しき行為に終止符が打たれるだろう。

第22章

移行期に検討すべきこと

PROBLEMS OF TRANSITION

複数の競争通貨が出現しても、大半の人にとっては単に選択肢が増えたというだけのことだろう。したがって、日常のお金の使い方を変える必要はないはずだ。複数の通貨を使い慣れるにしたがって、ちがう種類の通貨に切り替えたらどんなメリットがあるかを人々は学んでいくにちがいない。おそらく発券銀行がすぐに小売事業者のところへやって来て、複数通貨の換算を容易に行える計算機を提供するはずだから、導入初期の経理や会計に関する苦労はかなり軽減されるだろう。発券銀行は自行の発行通貨を使ってくれる人に支援を提供する用意があるので、利用者は以前よりよいサービスが受けられるはずだ。製造、貿易、サービス業は、この新たな機会をどう活用するか学習するまでに多少の時間を要するかもしれない。だが事業運営を大幅に変えるとか、適応に深刻な困難を伴うといった心配は無用だと思われる。

従来の独占通貨の急速な減価を防ぐ

競争通貨の出現で最も深刻な影響を受け、通常業務のほぼ全面的な見直しが必要になるのは、政府部門と民間金融部門の二つだと考えられる。後者には、銀行、保険、住宅金融組合、貯蓄抵当銀行などがすべて含まれる。政府にとっては、第21章で指摘した金融政策の改革を別とすれば、中央銀行が発行した通貨が急速に劣勢になりどんどん減価していくことを防ぐという仕事が待ち受ける。この仕事をうまくやり遂げるには、中央銀行にただちに全面的な自由と独立を与え、国内外を問わず他の発券銀行と同じ立場で競争できるようにするほかないだろう。同時に政府は、均衡予算を堅持する方針に立ち返り、資金調達は政府に操作できない公開市場のみで行うことにする。

この措置は緊急に行う必要がある。というのも、新たに出現した通貨がそれまでの独占通貨を駆逐し始めたら、旧独占通貨は急激に価値が下がり、供給量を絞るといった通常の手段ではそれを食い止められなくなるからだ。人々は、減価する通貨から安定していると信頼できそうな通貨に乗り換えられるとわかったとたんに、減価する通貨を手放そうとするだろう。だが政府も既存の中央銀行も、旧独占通貨の買い戻しに応じられるだけの他の通貨や金の準備を保有していないはずだ。したがって、何としても旧独占通貨に対する信頼をつなぎ止めなければならない。そのためには、旧独占通貨の発券銀行である中央銀行が、競争する他の発券銀行とまったく同じように通貨供給量を調節できることを示す必要がある。

複数の新通貨は段階的ではなく一気に導入する

複数通貨の競争という新たな環境にうまく移行するために政府に求められるもう一つの重要な行動は、与えるべき自由は一気に与えることである。新しい通貨を段階的に導入するとか、「万一まずいことが起きたときのために」政府が権限を保留するといった無用に慎重な構えを示すべきではない。複数の発券銀行の間で自由競争が行われること、通貨も資本も国境を越えて自由に行き来できるようにすることも、重要な条件だ。従来の独占発行を徐々に緩和するといった臆病なやり方では、まずまちがいなく失敗する。競争通貨は政府の規制を受けないのだと確信できない限り、人々は新しい通貨を信用しないだろう。民間銀行は厳しい競争下に置かれた場合にのみ、発行通貨の価値を安定的に維持するとの信頼を得ることができる。人々が各自の目的に適う通貨を自由に選択できる場合にのみ、良い通貨が選ばれて優勢になる。通貨取引所で活発な取引が行われる場合にのみ、発券銀行は何らかの対策を講じるべきときに時機を失せず情報を得ることができる。国境を越えて通貨と資本が自由に行き来できる場合にのみ、一国の銀行が共謀して自国通貨を不当に保護していないことが証明される。そして自由な商品市場が存在する場合にのみ、安定した平均価格は、需要と供給の関係を適切に反映していることを示す証となるのである。

民間銀行は方針転換を迫られる

政府が旧独占通貨の暴落を引き起こすことなく通貨発行事業を民間銀行に譲り渡すことに成功したとしよう。すると個々の民間銀行はまず、自ら独自の通貨の発行を試みるか、それとも他の一つまたは複数の通貨建てで業務を行うかを決めなければならない。大方の銀行は、他行の発行する通貨を選ぶことで満足するだろう。この場合、「一〇〇％準備」の原則に基づいて銀行業務を運営しなければならない（第11章、第12章を参照されたい）。すなわち、要求払い預金の全額に対して準備を積まなければならない。

この点を踏まえれば、競争通貨制度の下で求められる大規模な業務改革は何かが自ずと見えてくるだろう。非発券銀行は一〇〇％準備を積まなければならないので、当座預金口座の運営に当たって相当の手数料を設定しなければなるまい。そうなれば当座預金の大半を発券銀行にとられてしまうので、より流動性の低い資産を扱う業務に軸足を移さざるを得ないだろう。

自分たちが選んだ通貨への計画的な移行に伴ってこうした方針変更が行われる限りにおいて、多少の困難はあっても手に負えない問題が持ち上がることはあるまい。それに、結果に責任を負わずに信用創造によって貨幣を事実上創造してきた銀行を退場させたいと、経済学者は一〇〇年以上前から望んでいた。経済学者は現在の通貨供給メカニズムに内在する不安定性を認識してはいたものの、そこから逃れる術はないと半ばあきらめていたのである。個々の銀行が創造した通貨（当座預金）について責任を負わない制度は、部分準備制度に劣らず有害だ。その制度を支えていた政府による貨幣発行独占がなくなったからと言って、何も文句を言う筋合いはない。これからは、純粋な銀行業と投資業の間に（あるいはよく言われる大陸型銀行と英国型銀行の間に）一線を画すべきだろう。おそらく、貨幣創造は大規模な投資資産の管理業務と両立しないこと、それどころか、金融業の大方の業務とも両立しないことがすぐにあきらかになるはずだ。

なお、政府や中央銀行が発行通貨の価値の暴落を防げなかった場合には、まったくちがう種類の問題が生じることになる。これは、自行で通貨を発行できない銀行が恐れる事態だ。というのも、貸出債権がすべて（債務の大半も）目減りしてしまうからである。しかしよく考えてみれば、これは、高インフレに伴うリスクにほかならない。高インフレはつねに頭痛の種ではあるものの、競争通貨制度の下ではちがう通貨に切り替えて避けることができる。あいにくそれをしなかった銀行にとっては危険性が増すということだ。

だが銀行はだいたいにおいて、急速なインフレの間も資産の維持に成功してきた。そのコツがわからない銀行家は、この方面の経験豊富なチリあたりの銀行家にでも相談するとよかろう。いずれにせよ、現在の不安定なメカニズムを打ち切ることが先決であり、特定利益集団のためにこの重要課題の解決がおろそかになってはならない。

第23章 国家からの保護

PROTECTION AGAINST THE STATE

本書で提案する制度では、貨幣の通常の供給は完全に民間機関に委ねられることになるだろう。民間銀行がその役割を果たすうえで最大の脅威になるのは、やはり国家による妨害だと思われる。* 発券銀行は自ずと国際業務を手がけることになるため、政治的圧力を直接受けることはあるまい（扇動家の非難は招くかもしれないが）。しかしどんな組織に対する信頼も、その国の政

＊ここでことさら「国家（state）」という言葉を使ったのは、このような文脈で一般に使われる表現だからである。この言葉を使う人たちは、公的機関の行動がもともと公共の利益に資することを強調したいのだと思われる。だが実際に行動するのは国家という抽象的な存在ではなく、つねに具体的な政府であり、その政府にはこの種の政治的機関にはつきものの欠陥がすべて備わっている。この点を指摘したら、多くの人は自分たちの国家観が観念的且つ非現実的であることにすぐに気づくだろう。

府が信頼されているかどうかに大きく左右される。自国の政治的利益に仕えているのではないかとの疑惑を取り除くためにも、どの銀行も異なる国に本社を持つ銀行と競争することが重要な意味を持つ。すくなくとも平時には、最も信頼されるのは富裕な小国に立地する民間機関だろう。彼らは国際業務を重要な収入源とするため、財務内容の健全性に関する評判を維持しようととくに注意を払うはずだ。

貨幣発行の政府独占の復活を求める圧力が生じる

多くの国は、補助金その他の措置を講じて、その国固有の通貨を発行する自国の銀行を保護しようとするだろう。その通貨が国際通貨との競争においてさほど勝ち目がなくても、である。そうなると国家主義者や社会主義者が勢いづき、国際通貨を発行する銀行を無分別に攻撃するかもしれない。すると政府は国家組織としての有利な立場を利用して、従来の貨幣発行の政府独占に徐々に戻そうとしかねない。

通貨および資本の移動に対する規制が復活する

だがそれよりも危険なのは、政府が国境を越えた通貨や資本の移動を再び規制しようと試みることである。資本移動規制は、現時点で国際経済の発展にとって最大の障害となると同時に、個人の自由をも脅かしている。各国政府にそうした規制を実行する権力が備わっている限り、この種の規制は今後も引き続き脅威となるだろう。人々が個人の自由に対するこの脅威に気づき、そうした規制政策の禁止を憲法に盛り込むことが切に望まれる。政府の恣意的な権力から身を守る最後の手段として、すくなくとも多くの有能な人々に残されているのは、耐えられなくなった時点で他国へ移住することだ。三〇年以上前に私が『隷従への道』の中で以下の考えをあきらかにしたとき、多くのイギリス人はいたずらに不安を煽る大げさな主張だと考えた。いまだに少なからぬ人がそう思っているのではないかと懸念される。

「経済統制が生活のどれほど広い範囲におよぶかを最もよく示すのは、外国為替管理である。為替取引への国家の介入は、一見すると個人の生活に無関係に見えるため、大方の人が為替管理の導入にまったく無関心である。だが思慮深い人々は、欧州大陸の多くの国の実例から、これこそが全体主義への、そして個人の自由の抑圧への決定的な第一歩だったと気づくことになった。この措置は、貧富を問わずすべての人を独裁国家へと引き渡し、そこから逃れる手段を完全に排除する。自由に旅行ができなくなり、外国の本や雑誌を自由に買うことができなくなれば、また外国との交流・通信手段が、当局が承認した人や必要と判断した人に限られれば、当局は効果的に世論を操作できる。それは、一七世紀、一八世紀の絶対主義国家が行った言論統制を大幅に上回ることになろう*」

貨幣発行の政府独占を廃止すると、まずは政府支出の野放図な拡大に歯止めがかかることは、すでに指摘したとおりである。さらに、国際取引の活発化・緊密化によって個人の自由の保護に寄与するだろう。国際取引がさかんになればなるほど、政府による資本移動規制は一段と困難になるので、政府に異議を唱える人々が抑圧から逃れる可能性が保障されることになる。

*Hayek〔28〕, p. 69, 注記。

第24章 長期的展望

THE LONG-RUN PROSPECTS

競争通貨の導入は、競争が一般にそうであるように、現時点ではまだわからない可能性の発見に結びつくと期待できる。となれば、本書の提案の長期的な影響をいま予測するのは無謀な試みになるが、それでもここでは敢えて、この提案が採用された場合の長期的な見通しをかんたんにまとめておくことにしたい。

競争通貨制度がひとたび全面的に定着し、経営不信に陥った銀行が競争によって排除されれば、自由世界においては広く使用される通貨がいくつか残るだろう。生き残る通貨は互いに非常によく似ていると考えられる。大きな地域では一つまたは複数の通貨が主流になるだろう。ただし地域とは言っても、はっきりした不変の境界線があるわけではない。境界領域はかなり広く重なり合い、しかも変動する。そこでは各地域で主流の通貨が共存することになるだろう。これらの主流的な通貨の大半は同じような商品バスケットに連動し、互いの短期的変動はごく小さいはずだ。おそらく今日最も安定している通貨よりも変動幅は小さい。しかし、真の金本位制下での通貨と比べれば変動幅は大きいだろう。それぞれの通貨が連動する商品バスケットの構成が、主に通用する地域の条件に合わせて調整されるなら、次第に価値は乖離するかもしれない。だが主流的な通貨の大半は、並行して流通するという意味でも、価値が同じ方向に変動しがちだという意味でも、同一歩調をとると考えられる。

各通貨が連動する商品バスケットの最適構成を見つける実験的プロセスが終わってしまえば、その後の変更はおそらくめったにないし、あっても小幅なものにとどまるだろう。発券銀行間の競争は、商品バスケットに対する変動の抑制、通貨供給に関する情報開示、顧客向けの追加的なサービス（経理支援など）の提供などの面に集中すると考えられる。政府系の発券銀行がもし生き残った場合でも、自行発行通貨以外の通貨を受け取らざるを得ないし、民間発行通貨での支払いを要求されるケースが増えるにちがいない。

★ **よく似た通貨が共存する可能性がある**

ここで、初版では思いつかなかった可能性について指摘しておきたい。それも、かなり起きる確率が高い可能性と言わねばなるまい。それぞれ固有の商品バスケットに連動する通貨が何種類か広く通用するようになると、それを真似る銀行が出てくるだろう。具体的には、最初にうまくいった商品バスケットと同一構成のバスケットに連動する通貨を、別の名称で発行するのだ。額面は同じかもしれないし、もっと小さい額面や大きい額面にするかもしれない。つまり、多くの発券銀行が通貨価値の安定やその他のサービスの提供などを通じて利用者を増やそうと競争することに変わりはないのだが、その自由競争自体が、同じ商品バスケットが広く使われる事態を招く可能性があるということだ。この場合、名称の異なるさまざまな通貨（ただし、たとえばチューリヒ銀行の商品バスケットを基準とする場合には券面に「チューリヒ・スタンダード」と表記する）が流通し、それらの通貨同士は一定比率で交換可能になる。すると商店主は、「この表示のある通貨はすべて当店でお使いいただけます」といった貼り紙を店先に出すことだろう。新聞が監視の役割をきちんと果たし、発券銀行の職務怠慢（すなわち通貨価値の変動）を人々に知らせる限りにおいて、競争通貨制度は長期にわたって健全に運営されるはずだ。

利用者の利便性に配慮して、おそらく競争通貨でもやはり標準的な単位が採用されると考えられる。つまり、商品バスケットの構成が同じというだけでなく、券面額も同じということである。この場合、発券銀行はそれぞれ異なる名称の銀行券を標準単位で発行することになる（A銀行は一〇〇ダカット、B銀行は一〇〇フロリン、というふうに）。個々の銀行の評判が行き渡っている地域では、これらの銀行券はいつでも通用するはずだ。

長期債務契約は発券銀行の破綻に影響されない

すくなくともいくつかの安定通貨が利用できる状況では、「法貨」はいずれ無価値になるかもしれないただの名目貨幣である。そのような貨幣を、金額を明記して契約した債務の返済になお有効とするばかげた習慣は、消えてなくなるはずだ。当事者が契約で意図していないことを強制するという不条理を行えるのは、政府の強権にほかならない。だが貨幣発行の政府独占が廃止されれば、裁判所はすぐに、債務は契約当事者が意図した価値の単位でもって返済されることが正義であり、政府がその代替物だと言い張るもので返済されるのはおかしい、と理解するはずだ。そして法律でもそのように定められると私は確信している（なお、債務契約において合計を金額ではなく名目貨幣の枚数で明示している場合は、この限りではない）。

広く好まれる共通の価値基準が定まれば、契約時に当事者が広く流通する通貨で返済される場合に想定していた金額について、裁判所は容易に近似値を算出できるはずだ。また契約時の金額表記に使った通貨が、妥当な変動幅を超えて大幅に減価した場合、その通貨を発行した第三者の職務怠慢によって契約当事者が損失（または不当な利益）を被ることを裁判所は認めないと考えられる。この場合当事者は、債務者が返済に使ってよい（と言うよりも使うべき）他の一つまたは複数の通貨をかんたんに取り決めることができるだろう。

こうしたわけだから、ある通貨が紙くず同然になったとしても、今日それが起きた場合ほどの悲惨な結果にはつながらないはずだ。銀行券であれ要求払い預金であれその通貨を現金で保有していた場合、残念ながらそれらは価値がなくなってしまう。しかしそのことに伴う混乱の度合いは、その通貨建ての債権すべてが目減りしたり無価値になったりすることに比べれば小さいと言ってよかろう。長期債務契約の構造自体は影響を受けないので、不幸にも破綻した銀行の発行通貨を使っていた人は、現金をそっくり失うことになっても、債券、抵当証券、その他類似の投資資産は引き続き維持できる。一部の発券銀行が破綻して銀行券や預金が無価値になった場合でも、債券投資を始めとする長期的な資産運用が安全であることに変わりはない。完全な流動資産はやはり危険だが、一時的な例外を除き、全財産を現金などの流動資産で保有しようという人がいるだろうか。

これまでは大幅インフレが起きるたびに、国債などあらゆる債券が無価値になったり、金銭債務が帳消しになったりしてきたが、もはやそのようなことは起きない。その徴候が少しでも見えたら、減価した通貨をみな手放すからだ。したがって、それ以前の債務がこの減価した通貨で返済されることはあり得ない。

★★

銀行業に関する新たな法的枠組みが必要になる

競争通貨の発展に対し、政府は意図的な規制（厳密な意味での介入行為）でもって妨害すべきではない。ただし、銀行の新しい業務形態が円滑に実行されるよう、新たな法的枠組みは必要になるだろう。ただし、そうしたルールが国際条約などによって一気にすべての国に適用されるのは好ましくない。その場合、さまざまなしくみを試験運用することができなくなるので、むしろ競争通貨制度の発展の足を引っ張るのではないかと懸念される。

どの国もいずれは、単なる国家主義や国家の威信といった理由から自国固有の通貨を持とうとする欲望は抱かなくなるだろう。また、国家主権が不当に制限されていると不満を抱く政府が国民をまちがった方向に誘導することも、いずれはなくなるだろう。だがそれがいつなのかを予想するのはむずかしい。[*] 競争通貨制度というものが、いかなる種類の全体主義志向ともまったく相容れないことは改めて言うまでもない。

＊競争通貨制度が最終勝利を迎えるのは、政府が政府発行通貨以外の通貨での納税を好むようになったときである。

第25章 結論

CONCLUSIONS

貨幣発行の政府独占を廃止するという発想は、過去六〇年間にわたり世界を苦しめてきた甚だしいインフレとデフレの頻発を防ぎたいという考えから生まれたものである。しかしいろいろ検討してみると、政府独占の廃止はもっと深い病根にとってもぜひとも必要な治療法であることがわかった。その病根とは、資本主義につきものの致命的欠陥とされる不況と失業の循環的発生である。

金本位制は解決にはならない

このところの貨幣価値の荒っぽい変動を防ぐには、金本位制か何らかの形の固定相場制に回帰するのがよかろうと考える向きもあろう。私自身、貨幣に関するいっさいの管理を政府が掌握する限りは、いろいろと欠点はあるにしても金本位制が唯一容認できる安全な制度だといまでも考えている。だが政府を介さなければ、もっとうまく変動を抑える方法がある。こうした意見に対し、現在の信用創造に内在する不安定性を抑えるには、現状では貨幣量を中央で調節することが必要だと反対論者は指摘するだろう。金本位制にも深刻な欠陥があるという否定しがたい事実はさておき、この指摘はたしかにもっともらしく聞こえる。だが信用創造に内在する不安定性は、じつは預金業務の構造に起因するのである。というのも、預金の払い出しに使う貨幣の供給が政府によって独占されているからだ。この点に気づけば、反対論も説得力を失う。自由企業制と市場経済の存続を望むのであれば（いわゆる「混合経済」の支持者でもやはり望むだろう）、貨幣発行の政府独占と一国一通貨制に代わって、民間発券銀行による自由競争を導入する以外に選択の余地はない。それによって私たちは歴史上初めて、複数の通貨の中から人々に選ばれる通貨を提供することを唯一無二の関心事とし、自ら生み出した期待の実現に存続を賭す発券銀行に、貨幣の管理を委ねることになる。

★さまざまな貨幣の自由競争になったら、最初は金貨に人気が集まるかもしれない。だが金貨の需要が高まるというまさにその事実によって金価格は急上昇し（おそらくは大きく変動し）、商取引や経理にはすぐに不都合になるだろう――退蔵手段としては引き続き広く愛用されるかもしれないが。もちろん金貨も自由に使えるようにすべきだが、金貨が民間通貨を抑えて最も広く流通し続けるとは思えない。民間発行通貨は購買力が一定に保たれるよう、注意深く供給量が調節されるからだ。

金貨はいま現在、政府が独占的に発行する紙幣よりも信用されている。というのも、その総量は、政治目的のために人為的に操作することができないからだ。まさにこの同じ理由から、金貨は長期的には民間発行通貨に劣ることになるだろう。なぜなら、競争する民間発券銀行は発行量を機動的に調節して通貨価値を一定に保つことに事業の存続が懸かっているので、やはり発行量の人為的操作はできないからだ。

★★

良貨は善意ではなく利己心から生まれる

民間企業のほうがもっと良い貨幣を提供できるにもかかわらず、それが許可されていないせいで、人々はつねに悪貨を使うことを強いられてきた。既得権益の圧力に支配される世界で、ぜひとも覚えていてほしい真実がある――それは、必要な制度を生み出すのは知性でも知識でもなく、利己心そのものだということである。政府の善意にすがるのではなく、銀行の自己利益の追求から良貨を期待できるような日が来れば、まことによろこばしい。

「相手の利己心に訴える方が、そして自分が求めている行動をとれば相手にとって利益になることを示す方が、望みの結果を得られる可能性が高い……人間はほとんどの場合、自分が必要とする助けをこの方法で得ている」*。

アダム・スミスはこう書いたが、私たちはあいにくと、利己心に頼って供給される貨幣をまだ持つことができずにいる。

過去に頻々と起きた危機の元凶は、「資本主義」ではなく政府の介入である**。信用できない貨幣は、企業努力をまちがった方向へねじ曲げかねない。それを防ぐ手段すなわち競争通貨の導入は、通貨の供給者にとってのみならず、他のすべての人にとっても有益である。にもかかわらず政府は、民間企業にその手段を与えようとしなかった。この事実に気づけば、本書の提案が金融分野の些末な技術的変更ではなく、自由な文明の命運を握る重大な改革であることがわかるだろう。市場の秩序を完成し、市場の重大な欠陥を正し、市場批判の主要因を取り除くためには、この改革の実行しかないと信じる。

競争通貨は実現可能なのか？

このような改革は、言うまでもなく、いま何が問題で今後何が期待できるのかを市民が十分に理解してからでなければ進めることはできない。だが、本書の提案はまったく実行不可能な机上の空論だと考える人たちは、アダム・スミスが二〇〇年前に『国富論』に書いたことを思い出してほしい。

「貿易の自由がイギリスで完全に回復されると予想するのは、オシアナやユートピアのような理想郷がイギリスに建設されるはずだと予想するのと変わらないほど馬鹿げたことである」***。

実際には、イギリスは一八六〇年に世界で初めて完全な自由貿易を行うようになる。『国富論』が世に出たのは一七七六年だから、九〇年近くかかったわけだ。とは言え自由貿易是認論は急速に広まっており、フランス革命とナポレオン戦争後の政治的反動がなかったら、もっ

＊ Adam Smith [54], p. 26.（『国富論』第一篇第二章）
＊＊ このテーマはミーゼスが繰り返し論じていた。Mises [45-47].
＊＊＊ この引用から始まり、次の引用で終わるパラグラフは、ここで取り上げる問題とも関係があるので、ぜひとも読まれたい。[54], p. 471.（『国富論』第四篇第二章）

と早く実施されていたにちがいない。自由貿易論について一般市民を教育しようという動きは一八一九年には始まっていた。そしてスミスが「激怒と失望に駆り立てられた独占事業者の横暴」と表現したものはついに排除される。それをやってのけたのは、自由貿易運動を組織して献身的な努力をした少数の人たちだった。*

★「ケインジアン」の主張が世間に浸透し、インフレはいいものだとされるようになった。またケインズ経済学は、職業政治家に反論を許さないような格好の論拠を扇動者たちに与えてしまった。だがインフレが続く中では、次第に統制経済や計画経済をよしとする気運が高まるのではないかと懸念される。それを防ぎ、ひいては文明を救うための唯一の方法は、政府から貨幣発行の独占権を取り上げることだと信じる。**★★

「自由貨幣運動」のすすめ

いま必要なのは、一九世紀の「自由貿易運動」に匹敵するような「自由貨幣運動」である。運動を通じて、高インフレの弊害をあきらかにするだけでなく（もっとも高インフレは現行制度下でも本来は防げるはずだ）、必ず景気低迷を招くという深刻な影響（こちらは現行制度に固有だと言える）も広く人々に知らせる。

インフレ率がすこしでも下がると、インフレに対する警戒はすぐに緩んでしまうものだ。現に、本書の執筆中もそうだった。だが本書が印刷に回る頃には、まずまちがいなく、改めて

＊本書初版の評者は、次の賢明な指摘をした。「政府がいずれ信教に関する規制を撤廃するなど、四〇〇年前には想像もできなかった」(John Porteous, New Statesman, 14 January, 1977)。

まったく新しい制度を「構築する」という私の提案は、日頃の私の思想的立場と矛盾すると言われたことがある。だが、私には新しい制度を設計する意図は毛頭ない。私が提案するのは、望ましい貨幣制度の発展を長年にわたって妨げてきた障害物を取り除くことだけだ。現行の貨幣制度と銀行制度は、権力増強に腐心する政府が押しつけた悪しき規制の産物に成り果てている。確実に言えるのは、これらの制度が試行のうえでよいものだと認められたわけではないことだ。というのも、何か別の選択肢を試す余地が与えられていないからである。

金融分野の規制緩和の要求を正当化するには、自由を与えたらどのような結果が期待できるかを説明しなければならないが、何も試せない状況で予想できることは限られている。自由の偉大な利点の一つは新しい発明を促すことだが、発明の性質上、それを予測することは不可能だ。ただ、いま予想する以上に創造的な展開になるとは言えるだろう。社会を進化させてきたのは比較的少数の新しい発想である。しかし自由な制度では人々がよりよいアイデアを開発し、それを他の人が模倣するなどして発展に結びつけることができるのに対し、規制された制度では権力者自身のアイデアや権力者が選んだアイデアしか認められない。なるほど自由がつねに新たなリスクをもたらすことは認めよう。だがもし愛する国の運命が私に委ねられるとしたら、本書で取り上げた分野に関する限り、私はよろこんで自由に伴うリスクを冒すつもりだ。

＊＊最近の出来事からすると、将来の政府は、自国民にとっては好ましくないが他国を助けるような金融政策の追求を迫られる可能性が高い。どの国の政府も、この国際的な圧力を免れるには、通貨供給量を調節する権限と責任を放棄するほかあるまい。すでに現時点で、インフレ率が年一五％のペースで上昇し続けている国が、五％以下に抑えている国に対し、リフレ政策をとるよう要請するといった事態が起きている。

インフレを警戒すべき十分な徴候が現れていることだろう（価格統制によってインフレ再発が隠蔽されるという一段と悪い事態は別として）。いや、その新たなインフレを伴う景気拡大局面すら、すでに終わっているかもしれない。インフレの根深い影響は、表面を見ただけではわからない。したがって政府が貨幣発行を独占する悪しき制度の廃止を決定するためには、インフレに関する深い理解が必要になる。つまり現在の貨幣制度が平和と繁栄を本質的に脅かしていることが多くの人に理解され、万人がこの脅威から解放されるためには、教育と啓蒙の膨大な努力を注がねばならない。

★

問題の本質と改革の緊急の必要性が広く理解される必要がある。一般の人々は、貨幣の発行や供給といったことは金融分野の技術的な問題であって、自分たちには理解できないと最初は思うかもしれない。だがけっしてそうではない。多くの賢明な人々は、すべての国が全体主義へと向かう流れはもはや避けがたいと感じている。その流れを食い止める一縷の望みが、貨幣改革に懸かっているのである。改革をゆっくり進めることができればよいのだが、残された時間はあまりなさそうだ。いま緊急に必要なのは、新しいシステムの構築ではない。進化への道を二〇〇〇年にわたって閉ざしてきた法的障害を取り除くことだ。その進化の先には、いまはまだはっきりとは予見できないが、すべての人を利する結果が待っているにちがいない。

★★

一　一国の通貨はただ一つであり、それは政府が管理すべきだと長い間考えられてきた。これについてどう考えるか、遠い過去、近い過去の例を挙げて議論してほしい。

二　法貨はなぜ生まれたのだろうか。貨幣制度にとって法貨は必須だろうか。

三　貨幣とは何だろうか。貨幣と貨幣でないものとのちがいはどこにあるのだろうか。貨幣の「数量」という概念をどう考えるか、また貨幣数量説についてはどうか。

四　「一国の経済の必要に応じて貨幣供給を政府が調節することが望ましい」という主張についてどう考えるか。また、「政府が貨幣発行を独占しているがために貨幣に対する信頼は失われた」という主張についてはどうか。

五　歴史を振り返ると、「法貨」たる紙幣に対する信頼がしばしば失われたことがわかる。競争通貨制度は、どのようにして人々の信頼を維持できるだろうか。

六　「紙幣が信頼を得るためには、貴金属など貴重な品物と交換可能でなければならない」という主張についてどう考えるか。貨幣の兌換性が必須となるのはどのような状況だろうか。また、どのような状況では兌換性はとくに必要でないだろうか。

七　「もし政府が貨幣供給を支配していなかったらインフレもデフレも起きなかったはずだ」という主張についてどう考えるか。一九二九～三二年の大恐慌と一九七二～七五年の大インフレ期の例を挙げて議論してほしい。

八　資本主義には好況と不況の波がつきものだと言われる。では、資本主義以外の経済には好況も不況もないのだろうか。好況と不況は資本主義の結果なのか、それとも原因なのだろうか。

九　「利益団体から強い圧力を受ける政府は、雇用拡大のために貨幣量を増加せざるを得ず、したがってインフレを引き起こすことになる。しかし金本位制、固定相場制を始め、貨幣量の野放図な増加を抑える規律は、十分な効果を上げられないことがわかった」という主張についてどう考えるか。

十　国境を越えた通貨や資本の移動規制を撤廃させるにはどうすればよいだろうか。国際条約だけで十分だろうか。競争通貨制度の導入のほうがより効果的だろうか。

付録　一九五〇 - 一九七五年の通貨価値の下落

（単位 %）

国名	購買力の低下	生計費の上昇	闇市場での価値の変化*
チリ	99	11,318,874	−99
ウルグアイ	99	323,173	−99
アルゼンチン	99	196,675	−99
ブラジル	99	61,000	−99
ボリビア	99	50,792	−99
韓国	99	37,935	−47
ベトナム	99	n.a.	n.a.
パラグアイ	97	3,058	−86
アイスランド	95	1,789	−91
イスラエル	94	1,684	−93
コロンビア	93	1,262	−91
トルコ	91	997	−77
ペルー	90	907	−78
ユーゴスラビア	90	870	−75
台湾	89	848	−73
ガーナ	85	587	−63
スペイン	82	466	−16
メキシコ	80	404	−31
フィンランド	79	374	+29
アイルランド	78	363	−23
日本	78	362	+39
イギリス	78	345	−20
ギリシャ	76	314	−51
フランス	75	305	−13
デンマーク	74	282	+56
ポルトガル	74	279	−26
インド	73	275	−41
ノルウェー	73	272	+73
フィリピン	73	272	−59
イラン	73	271	−22
スーダン	73	270	n.a.
エクアドル	73	267	−29

ニュージーランド	73	266	−19
オーストラリア	73	265	+30
スウェーデン	72	261	+38
ビルマ	72	257	n.a.
イタリア	72	253	−6
オーストリア	71	243	+71
オランダ	68	216	+52
コスタリカ	67	207	−6
タイ	67	207	+4
南アフリカ	67	204	−16
シリア	66	191	−6
チュニジア	62	160	n.a.
ベルギー	61	155	+26
カナダ	59	142	+3
ドミニカ	58	136	−22
スイス	57	133	+63
アメリカ	57	131	−75**
エルサルバドル	57	130	−17
西ドイツ	53	115	+110
エジプト	52	107	−41
スリランカ	51	103	−61
イラク	49	95	+11
マレーシア	47	87	+39
ベネズエラ	45	82	−22
グアテマラ	44	77	—
パナマ	40	66	—

* 対米ドル
** 金に対する減価。自由市場における 1975 年末時点の金価格は 1 オンス= 141.00 ドル、1950 年末時点の公定価格は 1 オンス= 35.00 ドルだった。
資料：Franz Pick, *Pick's Currency Yearbook: 1976-77 Edition,* Pick Publishing Corporation, New York, 1977. 著者および発行者の許可を得て再録した。

現代においてハイエク著『貨幣発行自由化論』を読む

齊藤誠・名古屋大学大学院教授

一　古典としてではなく、現代へのメッセージとして

これから私が書くハイエク著『貨幣発行自由化論』の解説は、すでに経済学の古典となった著作の解説としていささか変則的なものとなるであろう。古典的な経済学の著作の解説は、本来であれば、経済学説史的な位置付けをまずは正確に書かなければならない。しかし、私には、残念ながら、経済学説史の素養がない。出版社は、そんな私に解説を依頼するという無茶をしてきた。しかし、それでも私が解説の仕事を引き受けたいと思ったのは、この偉大な著作を古典として読むのがもったいないと思ったからでもある。まさに私たちが生きる現代の文脈で精読する方が、お行儀よく古典として葬り去ってしまうよりも、この著作にふさわしいという確

信が私にはあった。

こうして書いてくると、勘の鋭い読者は、「あぁ、暗号通貨のことね。フェイスブックだって、通貨を発行しようとする時代だからね」といわれるかもしれない。確かに、暗号通貨(cryptocurrencies)という革新的な金融技術が、ハイエクという天才の頭の中で考えた構想を実現する技術的な基盤を提供する可能性は十分にある。しかし、ハイエクが「理想の通貨」(これは、ハイエクからの引用ではなく、私の勝手な強調)について突き詰めて考えたことは、ある意味、とても当たり前で、ずいぶんと地味なものであった。そんな通貨は、社会経済にとって大変にありがたいのだけれども、その通貨の発行者にとってそれほど儲かりそうにない代物なのである(もしかすると、持ち出しにさえなるかもしれない)。それにもかかわらず、私的主体が、格好のビジネスチャンスとして独自の暗号通貨を発行しようと競い、主権国家が、国際的な通貨覇権を握ろうと自前の暗号通貨を国際標準にしようと企てるかもしれない。暗号通貨をめぐるさまざまな思惑のために、通貨制度は頑健性を高めるどころか、その脆弱性を強めてしまいかねないのである。

右のような帰結は、「通貨発行における自由な競争によって『理想の通貨』が生み出される」というハイエクの予想と真っ向から反する可能性でもある。それは、ハイエクが間違っていたというわけではない。ハイエクの構想では、政府の思惑とは独立に通貨制度が実体経済をしっかりと支える仕組みを作り上げることを意図していたが、暗号通貨という金融技術は、通貨制度を実体経済から引き剝がし、仮想空間の最果てへと強引に引き連れていく怖さがあるのである。言い方を換えると、暗号通貨技術は、「理想の通貨」にとって革新的すぎる可能性がある。

ここで「通貨制度によって実体経済を支える」なんて書くと、「あぁ、金本位制度ね。それじゃ、ハイエクの方が時代遅れだね」と言われそうである。そうした真っ当な疑問や反論にきっちりと応えていくためには、順を追って議論を組み立てていく回り道を選んだほうがよさそうである。

二　「理想の通貨」とは？

ハイエクの議論で度肝を抜かれるのは、通貨の範囲を非常に柔軟に考えているところである。第10章（閑話休題——貨幣の定義について）の最初のサブタイトルでも、「貨幣と貨幣でないものとの間に明確な区別はない」となっている。金貨や銀貨のような商品貨幣も、中央銀行が発行する紙幣も、民間銀行が発行する預金通貨も、内在的な価値が乏しいトークンのような硬貨も、すべて通貨と考える。統制経済のもとではタバコなどの希少品が貨幣の代わりを果たしたが、その場合、タバコも真っ当な通貨である。信用力のある企業が振り出した小切手も、立派に通貨として流通する。ハイエクにしてみれば、価値がある程度安定し、交換や支払の手段として重宝し、利息は付かないけれども預金としてそこそこ役に立てば、すべて通貨の範疇に入れて差し支えない。

ハイエクは、通貨価値の源泉についてもまったく頓着しない。通貨価値が硬貨の内在的な価値に依存するのか、裏付けとなっている資産に依存するのか、「国家信用」に依存するのかという野暮な議論もしない。要するに、交換や支払の利便（専門的な用語では、コンビニエンスという）を提供している限りで、人々がその通貨を保有するのであって、他の財と同じように、通貨の価値も、結局は、その通貨に対する需要の大きさに左右されることになる。世界中の経済学説史家たちが、いや商品貨幣説だ、それ信用貨幣説だ、どれ貨幣法定説だ、と大騒ぎしてきたが、そんな論争は、ハイエクからすれば、"So what?"と一蹴されてしまうような些事なのであろう。

このような議論を展開すると、「いや、金本位制度や商品準備本位制度を主張したハイエクは商品貨幣説でないのか」と言われてしまいそうである。確かに、ハイエクは、通貨価値を安定させる手段として、通貨の交換レートを金（gold）や商品バスケット（せいぜい十数種類の原材料で構成されたポートフォリオ）に関連づけることを考えていたが、そうした制度には限界があることも強く認識していた。

そもそも、ハイエクは、なぜ、通貨価値の安定を重視したのであろうか。実は、通貨が交換手段、支払手段、価値貯蔵手段の役割をあわせ持ち、高いコンビニエンス（利便性）をもたらす根源が、通貨価値の安定にあるからである。たとえば、通貨価値が減価していく場合を考えてみよう。そんな通貨でタンス預金をしようとは思わない。さっさと使おうと思っても、誰も受け取ってくれないので、交換手段として役に立たない。二束三文になった通貨で返済された債権者は憤慨やるかたないが、債務者からすればニンマリである。したがって、しばしば減価が起きそうな通貨は、そもそも債務支払（返済）に用いられなくなる。逆に、通貨価値が増価していくと、みんながこぞってその通貨をタンスにしまい込むので、交換手段や支払手段に用いようにも用いることができなくなってしまう。要するに、増価していく通貨は、交換手段や支払手段の機能を失い、価値貯蔵手段に特化してしまう。

ハイエクが通貨価値の安定を強調したのは、貨幣経済においてインフレやデフレが景気循環を増幅させるという悪影響を憂慮したからでもあった。ハイエクが属するオーストラリア学派では、物価の上昇も、下落も、諸物価に一様に影響を及ぼすのではなく、財ごとの相対価格を歪めると考えられていた。たとえば、インフレ局面では、資本財価格が相対的に上昇して資本財への投資が活発になるが、そのことでかえって過剰投資が生じるとした。通貨価値の安定は、諸々の財の相対価格に歪みを生じさせないためにも必要だったのである。

それでは、ハイエクは、なぜ、金本位制度や商品準備本位制度が通貨価値の安定に不十分な仕組みだと考えたのであろうか。ここでは、金本位制度を例にとってみよう。図1は、金に対する需要と供給を示している。縦軸は、金価値を示す。金価値が上昇（低下）すると、金を通貨単位として計った諸物価が低下（上昇）する。横軸は、金の供給量・需要量を示す。金価値が上昇しても、すぐには金採掘が盛んになるわけではないので、金の供給関数は急な傾きの右上がりの線となる。一方、金価値が上昇すると、金の購入が控えられるので、金の需要関数は右下がりの線となる。何らかの理由で金需要が高まって、右下がりの需要線が右方にシフトすると、金価値は上昇する。逆に金需要が低下して、右下がりの

図1　金（ゴールド）の供給と需要

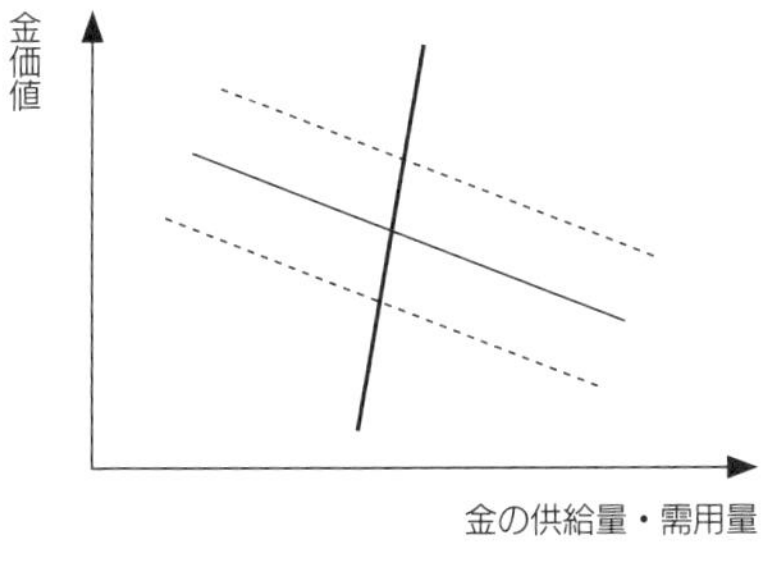

需要線が左方にシフトすると、金価値は低下する。事実、金への需要は大きく変動し金価値が安定しなかったことから、金にリンクした通貨の価値も変動した。金本位制度は、「理想の通貨」の要件を著しく欠いていたことになる。

　こうしてみてくれば、「理想の通貨」はどのようなものであればよいのかも容易に想像がつくであろう。通貨価値が上昇し始めれば（その通貨で計った諸物価が低下すると）、その通貨供給を増やして、通貨価値の上昇を抑える。一方、通貨価値が低下し始めれば（その通貨で計った諸物価が上昇すると）、その通貨供給を減らして、通貨価値の下落を防げばよい。すなわち、図2が示すように、通貨需要に応じて通貨供給を弾力的に操作し、通貨供給線が水平になるようにする。通貨を発行する銀行にとっては、金や商品の供給を制御することはほとんど不可能であるが、自ら発行する通貨の供給量を制御することは十分に可能であろう。

　このように議論を進めてくると、中央銀行だけに通貨発行を任せておけないとハイエクが考えた理由が見えにくくなって

図2　通貨価値の安定させる通貨供給

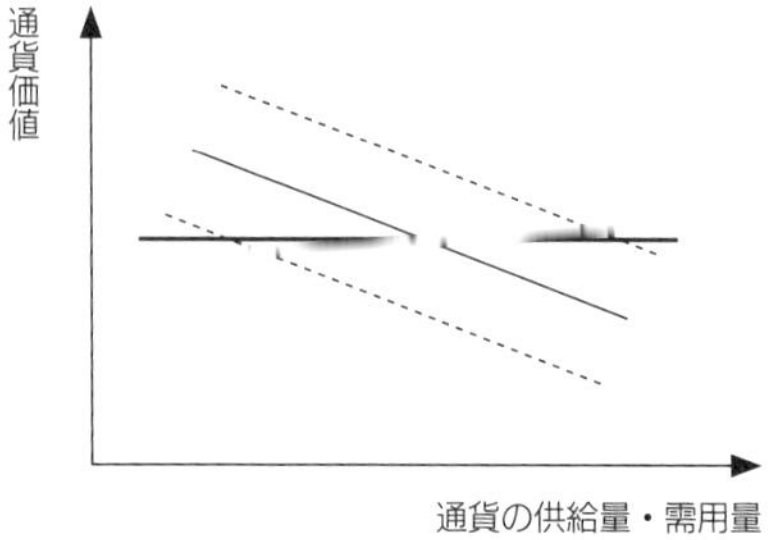

くる。中央銀行が通貨需要の変動に応じて通貨供給を調節し、諸物価の安定を図ることこそ、中央銀行の使命ではないか。中央銀行は、通貨供給の調節について卓越した技術を有しているのではないか。中央銀行こそ、「理想の通貨」の生みの親ではないか。

要するに、ハイエクは、中央銀行をまったく信じていなかったのである。信じていなかったどころか、強い不信の念を抱いていた。多額の債務を抱える政府の言いなりになって、中央銀行は通貨供給をむやみに拡大し、通貨価値を下落させ、諸物価を高騰させようとしていると疑いの目を常に向けてきた。確かに、大幅に減価した通貨で借金を返済すればよい政府にとってはありがたい話であるが、国債を保有する債権者にとってはとんでもない話となる。

三　通貨需要の高まりに対して

しかし、こんな議論を展開しても、読者は、ピンとこないのでないかと思う。先進資本主義諸国がインフレに悩まされた1970年代であればともかく（事実、『貨幣発行自由化論』の初版は1976年に公刊された）、日本をはじめとした先進国がデフレに悩まされているときに、ハイエクの議論は現実的な意味を持たないのではないかと、多くの読者が考えてもまったくおかしくない。

実は、私も、昔に読んだかすかな記憶だけを頼りに、最初は、「『自由化論』には現在的な意味があまりない」と勘繰っていた。しかし、本書を注意深く読み直してみると、ハイエクは、通貨への需要が高まって通貨価値が上昇し、諸物価が下落する事態への対応にも細心の注意を払っていたことがよくわかる。そうした事態において、貨幣発行者が通貨供給拡大に失敗すれば、経済が惨憺たる事態に陥ることに警鐘を鳴らしてもいる。たとえば、第14章（貨幣数量説が無用であることについて）では、中央銀行がフリードマンの提案したk％ルール（貨幣供給量の増加率を一定にするというルール）にこだわって、貨幣需要の拡大を満たせない場合、「いったい何が起きるだろうか」（179頁）と深い懸念を示している。

ハイエクは、経済危機における貨幣需要の極端な増大についても、現在の通貨システムはうまく対応できないと考えてきた。現在の通貨システムは、通貨の発行権を中央銀行にしか認めていないにもかかわらず、民間銀行に対して、その通貨建てで預金通貨を発行し、貸出をすることを認めている。こうした仕組みは、平時においては、民間銀行が信用創造の中核となって、民間セクターや公的セクターに対して大量の資金供給を可能にするのであるが、危機時においていて、それが裏目に出る。

経済危機において民間銀行の貸出が焦げ付くと、その預金通貨は急激に減価する。その結果、預金者は、預金を引き出して現金を得たいと考える。しかし、民間銀行には現金通貨を発行する能力がない。預金者は、そのことを懸念して、預けている銀行へ急いで取り付けに向かうのである。この場合、現金を発行できる唯一の中央銀行は、「最後の貸し手」として、取り付けが生じた民間銀行を救済せざるをえなくなる。民間銀行の方は、中央銀行の「最後の貸し手」機能をあてにして、いい加減な貸し付けを行い、経済危機の種を蒔いてしまう。

ハイエクだけではないが、オーストリア学派やシカゴ学派は、通貨発行権を有しない民間銀行には貸出を認めず、預金で調達した資金は100%中央銀行に預けるべきであることを主張してきた。通貨発行権のない銀行に貸出を禁じる仕組みは、ナローバンク制度と呼ばれている。ナローバンク制度では、民間銀行が預金を原資に投融資活動をすることはないので、家計や企業は、株式や債券に直接投資をするか、それらを組み合わせた投資信託商品を購入することになる。家計や企業から見れば、預金通貨と投資商品はまったく異なる金融商品カテゴリーとなる。

ハイエクの『通貨発行自由化論』は、複数の通貨発行銀行（発券銀行）が「理想の通貨」の発行を競わせることとともに、通貨発行権のない銀行には信用創造を許さないナローバンク制度という2つの側面からなっているのである。そのようにして、頑健な通貨制度が実体経済をしっかりと支える仕組みが構築されるとハイエクは考えた。

ところで、読者の中には、ハイエクが、変動相場制に対して固定相場制を支持した理由が見えづらいと考える人もいるのでないであろうか。変動相場制こそが各国の通貨が自由に競い合っている姿であり、固定相場制よりも通貨発行自由化の姿に近いのではないだろうか。ところが、ハイエクは、変動相場制においては、各国の中央銀行にインフレやデフレを許容してしまうことに深い危惧を抱いたのである。変動相場制では、他の国よりも高いインフレ率になっても、その通貨の為替相場が減価すればよく、逆に低いインフレ率になれば、その通貨の為替相場は増価すればよい。

しかし、固定相場制では、有力な国家がその通貨価値を安定させ、通貨安定に見合った金利水準を実現していれば、他の国家もそれに従わざるをえなくなる。その結果、1つの固定相場制に属するすべての国家において、通貨価値が安定した「理想の通貨」が実現するとハイエクは考えた。逆にいうと、1973年に固定相場制が崩壊し変動相場制に移行した理由は、有力な国家であった米国の中央銀行（連邦準備制度）がドル通貨価値の安定の大義を果たせなくなった当然の帰結であった。

四　ハイエクがまったく考慮しなかった流動性の罠

一方、日本経済を含めて多くの資本主義経済を悩ませている流動性の罠と呼ばれる状況、すなわち、マイルドなデフレと超低金利（ゼロ近傍の金利）が長期的に継続し、きわめて旺盛な貨幣需要が生じるケースについて、ハイエクはまったく考慮していなかった。その背景をさぐるために、少し長くなるが、第15章（通貨供給の望ましいあり方）の1節を引用してみよう。

十分な流動性を確保するために貨幣量を増やす必要があるからと言って、貨幣量の増加を求める見せかけの需要が生まれるのではないかという心配は無用である。いかなる貨幣も、必要とされる量はつねに限られているからだ。それは、一定に維持するとした商品バスケットの（直接または間接の）価格の合計を上下させることなく、発行または流通を維持できる量である。このルールの下で、さまざまな「取引上のニーズ」に応えるという正当な需要はすべて満たされる。（195頁）

右の文章は、ハイエクが流動性の罠についてまったく考慮することがなかった理由を明らかにしている。ハイエクの提言通りに、通貨価値の安定を保っていれば、交換機能、支払機能、価値貯蔵機能のいずれかが突出する、あるいは、喪失するということはなく、経済規模に対して通貨需要は長期的に安定する。

しかし、インフレ率の鈍化とともに金利が低下し、さらには、マイルドなデフレで金利がゼロ近傍まで低下すると、当該通貨は、「取引上のニーズ」を超えて価値貯蔵手段として需要されることになる。金利全般がゼロ近傍に達すると、通貨以外の他の貯蓄手段の魅力が失われ、マイルドなデフレとともに通貨が増価するので、通貨自体の価値貯蔵手段としての魅力が大きく増すからである。言い方を換えると、マイルドなデフレで金利がゼロ近傍になると、交換機能や支払機能に比して価値貯蔵機能が突出して、通貨需要が飛躍的に高まる。

実は、この流動性の罠の状態は、通貨価値が減価して諸物価が高騰するのとは全く異なったチャンネルで、膨大な借金を抱える政府を助けるのである。中央銀行は、旺盛な貨幣需要を背景に通貨を大量発行し、それを購入原資として市中から国債を積極的に買い入れることができる。また、金利がゼロ近傍の水準になると、国債と貨幣の区別がなくなり、旺盛な貨幣需要が国債の大量発行の受け皿ともなる。いずれにしても、借金まみれの政府にとっては、流動性の罠が大量の国債を消化していくのに格好の環境ということになる。

後段の議論のために、やや細かな点を指摘しておきたい。流動性の罠の状態が生じるもっとも重要な要因は、通貨には、正の方向にも、負の方向にも、金利が付かないことである。通貨が付利されないことから、市中金利がゼロになると、他の貯蓄手段が運用の妙味が失われるのと反対に、通貨が価値貯蔵手段としての魅力が相対的に高まる。しかし、他の貯蓄手段の金利に比して、通貨の金利が常に若干低いとすれば、流動性の罠のようなことは決して起きない。たとえば、通貨金利は市中金利を常に0・5％下回り、市中金利が10％なら通貨金利が9・5％、0・5％であれば0％、さらに0％であればマイナス0・5％というように、ゼロ近傍の金利だからといって、価値貯蔵手段として通貨の魅力が相対的に高まるわけではない。

五　暗号通貨とは？

ハイエクの議論は、以下のようにまとめることができるであろう。

一　通貨の範疇は非常に幅広く考えられ、通貨価値の源泉についても柔軟な解釈することができる。

二　そうしたさまざまな通貨が併存する中にあって「理想の通貨」とは、通貨価値が安定し、交換機能、支払機能、価値貯蔵機能がバランスよく備わっている通貨である。

三　複数の銀行が競って発行する「理想の通貨」と非発券銀行に投融資を許さないナローバンキング制度が両輪となって、通貨制度が実体経済をしっかりと支えていく。

四　ただし、マイルドなデフレとゼロ近傍の金利が長期的に継続し、旺盛な貨幣需要が生じる流動性の罠については、ハイエクは考察の対象としなかった。「理想の通貨」のもとでは、マイルドなデフレで通貨価値が増価し続けることなどありえないからである。

五　通貨価値が安定している「理想の通貨」は、借金を抱える政府にとって厄介な存在である。国債を大量発行せざるをえない政府にとっては、マイルドなデフレとゼロ近傍の金利が継続して旺盛な貨幣需要が国債消化の受け皿となる流動性の罠の方が都合よく、大量の国債を返済せざるをえない政府にとっては、インフレが加速して国債返済負担が軽減される状況の方が好ましいからである。

しかしながら、ハイエクが綿密に考案した「理想の通貨」に関わる構想は、現在に至っても実現していない。この解説の最後では、暗号通貨と呼ばれる新しい金融技術が、ハイエクの構想を実現する技術的な基盤をもたらすのかどうかを考察していきたい。まずは、暗号通貨とはどういうものかを簡単に（といっても、結構ややこしいのであるが…）説明していこう。

現在、中央銀行が発行する通貨には、中銀券（中央銀行券）と中銀当座預金がある。中銀券は紙幣であり、中銀当座預金は民間銀行が中央銀行に開設する当座預金口座である。紙幣が通貨であることは想像しやすい。モノを購入するときに、あるいは、借金を返済するときに相手側に紙幣を手渡せば決済が完了する。紙幣には「手渡せば決済できる」という手軽さがあるが、大量の紙幣を手渡す、遠方の相手に紙幣を手渡すのは、大変な手間がかかる。もし、億円単位の紙幣の手渡しであれば、ジュラルミンケースに札束をぎっしりと詰めて、警備員が同乗する現金輸送車で運ばなければいけないであろう。また、「現金その場限り」の原則を考えれば、札勘定を手伝う銀行員の同行も必要となろう。

それにしても紙幣は、不思議な通貨である。通貨の発行者、つまり債務者は中央銀行であり、反対側の債権者は、紙幣を手許に保有している人である。中央銀行は発行者であり債務者であるくせに、自らの債権者（すなわち、紙幣保有者）が誰であるかを知ることがない。紙幣という物理的な存在が、ある人からある人へ手渡されてきたその事実をもって、今、紙幣を保有する人を債権者と推定するのである（「断定」としなかったのは、もしかすると盗んできた紙幣であるかもしれないから…）。このように見てくると、物理的な形式を持つ紙幣の重宝なところは、紙幣が手許にあるという事実をもって債権者を推定できるところにある。したがって、中央銀行は、紙幣が誰から誰に手渡されてきたのかという経緯を記録した帳簿を作成する必要がない。

一方、民間銀行が中央銀行に開設する当座預金においては、債務者の中央銀行は、当然、債権者がどの民間銀行であるのかをよく知っている。この中銀当座預金がなど通貨の役割を果たすのかは、多くの読者にとって、紙幣ほどには直感的に理解することができないかもしれない。ここでA銀行に預金口座を持つ甲がB銀行に預金口座を持つ乙に土地購入代金分を送金したいとする。土地購入代金は、数千万、いや、数億円にのぼるので、紙幣で決済するのは厄介である。いわんや、乙が甲から離れて住んでいるとなれば、紙幣決済はたいそう不便であろう。そこで銀行間の送金という決済手段が選ばれたわけである。

この場合、資金はどのように動くのであろうか。まず、A銀行は、甲の預金口座から資金を引き出し、A銀行が中央銀行に開設している当座預金に振り替える。さらにA銀行は、その資金をB銀行が中央銀行に開設している当座預金に振り替える。A銀行から資金を受け取ったB銀行は、その資金を乙の預金口座に振り替えるのである。このように見てくると、電子ネットワーク上で送金されるとはいえ、甲から乙に紙幣を直接手渡すのに比べてたいそう複雑である。なお、実際の送金はもっと複雑である。中銀当座預金を介して多数の送金がA銀行とB銀行の間を行き来するので、双方向の資金移動を相殺する作業も生じるからである。そのため、たとえ国内送金であっても、結構な送金手数料がかかってしまう。

甲と乙が別々の国に住んでいる場合、もっと厄介である。甲の住むX国と乙の住むY国の両方に支店を開設しているC銀行を経由しなければならない。資金の流れだけを見ると以下のようになる。

X国にあるA銀行の甲の預金口座⇓
A銀行のX国中銀当座預金⇓C銀行のX国中銀当座預金⇓C銀行のX国預金口座⇓
C銀行のY国預金口座⇓C銀行のY国中銀当座預金⇓B銀行のY国中銀当座預金⇓
Y国にあるB銀行の乙の預金口座

こうして見てくると、海外送金がいかに厄介なものかが分かるであろう。仮に資金の道中のどこかのタイミングでいずれかの銀行が破綻すれば、決裁の不履行さえ生じかねない。

暗号通貨とは、紙幣の手渡しのような簡便さを電子ネットワーク（仮想空間）の上で実現する金融技術である。ネットワーク上の通貨なので、紙幣では大変な問題となってくる物理的な重さや距離の制約からも自由になることができる。しかし、暗号通貨が物理的な制約から自由になるということは、物理的な紙幣が持っていた重宝さも同時に失うことになる。すなわち、紙幣の移動を記録した帳簿などなくても、手許に紙幣を保有しているという事実をもって紙幣の真正な所有者であるという推定ができなくなってしまう。したがって、通貨（通貨単位を持ったコイン）ごとに、発行から回収までの履歴を記録した帳簿を電子ネットワーク上に作成する必要が生じる。ブロックチェーンと呼ばれる台帳も、そうした帳簿の一つである。

帳簿の仕組みを詳しく見ていこう。そのコインが誰の手許にあるのかは、暗号通貨システムの参加者の住所（特定の番号が割り振られる）によって記録される。システムへの参加者は、自分の住所に金庫を持っていて、その金庫にコインが収まっていると考えるとよいかもしれない。

それでは、先の例に戻ってみよう。甲も、乙も、暗号通貨システムにおいて住所番号を持っている。甲は、自分しか知らない秘密の暗号キーで自分の住所にある金庫を開いて、そこに記録されているコインを乙の住所にある金庫に移す、いや、投函するといったほうがよいかもしれない。さらに、乙がそのコインを丙に移す場合には、乙が自分の秘密暗号キーで金庫を開き、丙の住所にある金庫に投函する。たとえば、甲、乙、丙と移動してきたコインが10単位の通貨単位を持つものとすると、通貨システムの帳簿には次のように記録される。

10単位のコイン：発行日時・最初の保有者の住所⇓…⇓送金日時・甲の住所⇓送金日時・乙の住所⇓送金日時・丙の住所⇓…⇓回収日時・発行銀行

右のようなコインの移動が、コインごとに発行から回収まで帳簿に記録されるわけである。物理的な紙幣のときの「紙幣を手許に保有している人を真正な紙幣所有者と推定する」という側面は、暗号通貨においては帳簿の正確さによって担保される。各住所の金庫の鍵を開けるときだけではなく、帳簿の正確さを保持するためにいくつかの暗号技術が用いられることから、こうした通貨技術を暗号通貨と呼んでいる。

電子ネットワークでは、甲、乙、丙がどこに住むのかにかかわらずアクセスすることができるし、どのような通貨単位のコインも資金を移動させることができる。したがって、物理的な紙幣の制約を克服しつつ、紙幣を用いた取引の簡便さを実現することができる。その結果、暗号通貨システムを通じた通貨移動は、送金手数料を飛躍的に引き下げることが可能となる。

六　暗号通貨が開いたパンドラの箱

それでは、こうして暗号通貨技術によって発行された通貨は、ハイエクの「理想の通貨」を実現する契機となるのであろうか。実は、これまでのところ、民間主体が発行してきた暗号通貨は、しばしば「理想の通貨」と真逆の通貨となってきた。発行主体やその出資者には、当初から暗号通貨が割り当てられることが多いが、そうした初期の通貨保有者の利益のために、通貨価値を強引に高めるような運営がしばしば行われてきた。たとえば、当該暗号通貨への需要を誘導しつつ通貨供給を硬直的にすることで（時には、通貨供給を絞り込むことで）通貨価値を増価させ、初期通貨保有者に莫大なキャピタルゲインをもたらした。通貨価値の安定があってこそ、交換機能、支払機能、価値貯蔵機能のバランスが保たれた「理想の通貨」が創出されるが、通貨価値の増価傾向だけに関心がある通貨運営であれば、価値貯蔵機能のみが突出した通貨になりはててしまうだけであろう。

電子ネットワーク上にある暗号通貨は、金利を付すことが容易となる。紙幣では、その保有者が金利を受け取るのに中央銀行の本支店や代理店に行く必要があるが、電子ネットワーク上の暗号通貨では利息を反映させて通貨価値を調整して帳簿に記録すればよい。しかしながら、民間発行の暗号通貨への付利については、あまり議論されてこなかった。暗号通貨保有者への利子支払いは、通貨発行者にとって発行費用の増大になるからであろう。

結局、民間の通貨発行者にとってあまり旨味のない「理想の通貨」として暗号通貨を発行する試みや、発行コスト増につながる暗号通貨への付利の導入は、各国の中央銀行で検討され始めたのである。議論の積み重ねによって徐々に明らかになってきたのであるが、中銀暗号通貨に関わる論点には、ハイエクの予想通りの側面もあるし、ハイエクの予想を超えていく可能性もある。

第1に、中央銀行は、暗号通貨発行についても、通貨価値を安定するように通貨需要に応じて通貨供給を弾力的に調整することが十分に可能である。また、暗号通貨への付利も、すでに超過準備預金には付利がなされてきたわけで、政府からすれば貨幣発行収入を犠牲にする面があるが、通貨保有者に直接減税をしていると考えればよいのかもしれない。ただし、交換機能や支払機能を備える分、通常の短期金利を下回る水準（たとえば、0・5％程度下回る水準）で付利されることになる。また、通貨金利がゼロであるという下限を取り払うことにもなるので、市中金利についても、通貨金利についても、負の水準もとりうる。

第2に、紙幣（中銀券）のように中銀暗号通貨も家計や企業が保有する場合、競合関係にある民間銀行の預金通貨にはきわめて高い緊張がもたらされるであろう。特に、経済危機で取り付けが起きる状況では、物理的な紙幣によって預金を引き出すのであれば、ある程度、時間的な余裕もあり、「最後の貸し手」として中央銀行も民間銀行への対応を考えることができる。しかし、電子ネットワーク上にある中銀暗号通貨は、民間銀行の預金から瞬時に引き出しが可能である。民間銀行は、自らの銀行預金が一瞬にして消えてしまう事態に備えて、もっとも流動性の高い資産、すなわち、中銀当座預金か、中銀暗号通貨の形で、預金として受け入れた資金のほぼ全額を常に保有する必要に迫られる。民間銀行の中銀暗号通貨への対応の結果、ナローバンキング制度が自主的に選択されることになる。

第3に、中銀暗号通貨への需要関数の形状が大きく変化するかもしれない。これまでの紙幣のように通貨金利が常にゼロの場合、金利水準が高いと、通貨保有の機会コストが大きくなり、その分、通貨需要が弱まる。一方、金利水準が低いと、通貨保有コストが小さくなり、その分、通貨需要が強まる。とりわけ、金利水準がゼロ近傍に到達すると、通貨保有コストがほぼゼロになって旺盛な通貨需要が生じる。一方、市中金利を若干下回って通貨金利が常に付される場合は、国債の代わりに通貨を保有する機会コストは、金利水準にかかわらずほぼ一定となる。通貨需要も金利水準に左右されることはなくなる。すなわち、ゼロ近傍の金利で旺盛な通貨需要が生じる流動性の罠も消えてしまうであろう。その結果、ゼロ近傍の金利の旺盛な貨幣需要によって支えられてきた大量の国債消化も、その受け皿を失うことになる。

第4に、各国の中央銀行どうしが自らの暗号通貨によって通貨覇権を競うとすると、国内で中央銀行と民間銀行の緊張関係が生じて、結局、民間銀行の預金通貨が中央銀行の暗号通貨に完全に従属するのと同じような現象が生じる可能性がある。すなわち、ほとんどの中央銀行が、もっとも競争力のある暗号通貨を発行する中央銀行に対して従属するようなことが起きるかもしれない。しかしながら、そうして通貨覇権を確立した中央銀行が、何らかの事情で通貨発行の競争力を突然失うとすると、世界中の通貨システムは大混乱に陥るであろう。

こうして見てくると、ハイエクの『貨幣発行自由化論』は、公刊された1970年代の時点で「理想の通貨」としての暗号通貨の誕生を的確に予想していたといっても過言ではないであろう。

七　「理想の通貨」は何処へ

「しかし…」と私は考え込んでしまうのである。

確かに、暗号通貨技術は、人間社会がうまく使いこなせれば、「理想の通貨」を生み出す素晴らしいツールとなっていくであろう。しかし、民間発券銀行間の競争に委ねれば「理想の通貨」が自然と生まれてくるというハイエクの予想は、暗号通貨の長いとはいえない歴史を振り返るかぎり、あまりに楽観的でないであろうか。民間の発行主体は、そもそも儲かりもしない「理想の通貨」創出になんて関心がない。通貨供給を長期的に絞り込むルールを忍ばせて持続的な値上がり益をねらった節があるビットコイン、発展途上国の人々へのfinancial inclusion（金融包摂）を大義に掲げておきながら通貨保有者への利益還元（通貨への付利）など一切考えず、あわよくばSNS利用者の決済情報を活用しようと目論んでいるとしか（私には）見えないリブラ、実際は有価証券という「狼」なのにもかかわらず暗号通貨という「羊」の皮をかぶったICO（initial coin offering）など、私的主体の商魂のたくましさには驚愕するばかりである。

たとえ高度なガバナンスによって規律付けられた中央銀行が暗号通貨を活用するにしても、先述の第2点や第3点の帰結はあまりにドラスティックでないであろうか。本来は、実体経済の頑健性を高めるためにこそ、「理想の通貨」が希求されてきたはずである。それにもかかわらず、中銀暗号通貨に関わる想定外のトラブルで実体経済はとんでもない混乱に陥ってしまうかもしれない。中央銀行の暗号通貨システムが一瞬にしてハックされてしまうかもしれない。中銀暗号通貨という1つの「理想の通貨」へまっしぐらに進むよりも、従来の紙幣や中銀当座預金などを合わせて、冗長性が備わった通貨ステムをあえて維持する方が良いのかもしれない。平時において際立つ物理的な紙幣の不便さが、実は、有事において、加速する歯車の回転を食い止める砂利のような役割を果たすことだってあるかもしれない。

もっとも懸念されるのは、先述の第4点にかかわるところであるが、ある国の中央銀行が発行する暗号通貨によって国際金融における通貨覇権を制しようとする国家的な野心であろう。多くの国の通貨がある国の中銀暗号通貨に対して従属的な地位に甘んじるような事態がいったん生じてしまえば、国際通貨システムはその国の恣意に委ねられてしまい、ハイエクの理想とは真逆の国際社会が現出することになる。そのような事態になることを防ぐためにも、各国の中央銀行や金融当局が知恵を絞って、たとえば、各国通貨建て資産のポートフォリオを見合いに作り出された新たな暗号通貨に、国際的な金融危機や流動性危機においてもっとも流動性の高い「理想の通貨」として活躍の場を与えてみてはどうであろうか。そんな暗号通貨こそ、ハイエクと並んでもう一人の偉大な経済学者、ケインズの考案した「理想の国際決済通貨」、バンコール（bancor）を実現することになるのでないであろうか。

翻訳著作の解説としては長すぎた。読者には申し訳ない。いずれにしても、本書は、読者を思考実験の極みに連れ去ってしまう怖さを持っているようなところがあるが、読者には、そうした恐怖までをも読書の醍醐味としてほしいと思う。

本文では、参考文献を1つ1つ引用しなかったが、『貨幣発行自由化論』（川口慎二訳、東洋経済新報社、1988年）の川口慎二「訳者あとがき」と、『ハイエク全集　Ⅱ‐3　貨幣論集』（池田幸弘・西部忠訳、春秋社、2012年）の西部忠「解説――貨幣の未来を構想する」は、『貨幣発行自由化論』（ただし、池田・西部訳では『貨幣の脱国営化論』と訳されている）の、とりわけ経済学説史的な背景について多くのことを学ばせてもらった。貨幣論の中で本書を位置づけるにあたっては、岩井克人・前田裕之『経済学の宇宙』（日本経済新聞出版社、2015年）と丸山俊一＋NHK「欲望の資本主義」制作班『岩井克人「欲望の貨幣論」を語る』（東洋経済新報社、2020年）が大変に有益であった。また、暗号通貨とのかかわりで本書を議論するにあたっては、岩村充の3部作（新潮選書）、『貨幣進化論　「成長なき時代」の通貨システム』（2010年）、『中央銀行が終わる日　ビットコインと通貨の未来』（2016年）、『国家・企業・通貨　グローバリズムの不都合な未来』（2020年）から得たことはきわめて大きかった。ここに深く感謝申し上げる。

参考文献

以下に挙げた文献には、本文中で言及しなかったものも含まれていることをお断りしておく。各文献の表題の後に示されたカッコ内の四桁の数字は、初版の発行年である。ただしページ番号は、引用をした版のものを示した。

[1] Archibald Alison, *History of Europe*, vol. I, London, 1833.

[2] Joseph Aschheim and Y.S.Park, *Artificial Currency Units: The Formation of Functional Currency Areas*, Essays in International Finance, No.1 14, Princeton, 1976.

[3] Walter Bagehot, *Lombard Street* [1873], Kegan Paul, London, 1906.（邦訳は、ウォルター・バジョット『ロンバード街　金融市場の解説』久保恵美子訳、日経ＢＰクラシックス）

[4] Paul Barth, *Die Philosophie der Geschichte als Soziologie*, 2nd edn., Leipzig, 1915.

[5] Jean Bodin, *The Six Books of a Commonweale* [1576], London, 1606.

[5a] Fernand Braudel, *Capitalism and the Material Life 1400-1800* [1967], London, 1973.（邦訳は、フェルナン・ブローデル『物質文化・経済・資本主義　15－18世紀』全3巻、村上光彦訳、みすず書房）

[6] S. P. Breckinridge, *Legal Tender*, University of Chicago Press, Chicago, 1903.

[7] C. Bresciani-Turroni, *The Economics of Inflation* [1931], Allen & Unwin, London, 1937.

[7a] Henry Phelps Brown and Sheila V. Hopkins, 'Seven Centuries of the Prices of Consumables, compared with Builders' Wage-rates', *Economica*, November 19S6.

[7b] Henry Phelps Brown and Sheila V. Hopkins, 'Builders' Wage-rates, Prices and Population: Some Further Evidence', *Economica*, February 1959.

[8] W. W. Carlile, *The Evolution of Modern Money*, Macmillan, London, 190I.

[9] H. Cernuschi, *Mecanique de l'echange*, Paris, 1865.

[10] H. Cernuschi, *Contre le billet de banques*, Paris, 1866.

[11] Carlo M. Cipolla, *Money, Prices and Civilization in tke Mediterranean World: Fifth to Seventeenth Century*, Gordian Press, New York, 1967.

[12] Lauchlin Currie, *The Supply and Control of Money in the United States*, Harvard University Press, Cambridge, Mass., 1934.
[12a] Raymond de Roover, *Gresham on Foreign Exchanges*, Cambridge, Mass., 1949.
[13] C. H. Douglas, *Social Credit* [1924], Omnie Publications, Hawthorn, Calif., 1966.
[14] Otto Eckstein, 'Instability in the Private and Public Sector', *Swedish Journal of Economics*, 75/1, 1973.
[15] Wilhelm Endemann, *Studien in der Romanisch-kanonistischen Rechtslehre*, vol. II, Berlin, 1887.
[16] A. E. Feaveryear, *The Pound Sterling*, Oxford University Press, London, 193 I.
[17] Lord Farrer, *Studies in Currency*, London, 1898.
[17a] F. W. Fetter, 'Some Neglected Aspects of Gresham's Law', *Quarterly Journal of Economics*, XLVI, 1931/2.
[18] Stanley Fischer, 'The Demand for Index Bonds', *Journal of Political Economy*, 83/3, 1975.
[18a] Ferdinand Friedensburg, *Münzkunde und Geldgeschichte des Mittelalters und der Neuzeit*, Munich and Berlin, 1926.
[19] Milton Friedman, 'Commodity Reserve Currency' [1951], in *Essays in Positive Economics*, University of Chicago Press, Chicago, 1953.（邦訳は，ミルトン・フリードマン『実証的経済学の方法と展開』佐藤隆三他訳，富士書房所収）
[20] Milton Friedman, *A Program for Monetary Stability*, Fordham University Press, New York, 1960.
[20a] Milton Friedman, 'The Quantity Theory of Money: A Restatement', in *Studies in the Quantity Theory of Money*, Chicago, 1956.
[20b] Milton Friedman, *Monetary Correction*, Occasional Paper 41, Institute of Economic Affairs, London, 1974.
[21] Josef Garnier, *Traité théorique et pratique du change et des operation de banque*, Paris, 1841.
[21a] Richard Gaettens, *Inflationen, Das Drama der Geldentwertungen vom Alterturn bis zur Gegenwart*, Munich, 1955.
[22] Silvio Gesell, *The Natural Economic Order* [1916], Rev. Edn., Peter Owen, London, 1958.（邦訳は，シルビオ・ゲゼル『自然的経済秩序』全2巻（ゲゼル・コレクション）山田明記訳，アルテ）
[22a] Herbert Giersch, 'On the Desirable Degree of Flexibility of Exchange Rates', *Weltwirtschaftliches Archiv*, CIX, 1973.

[23] H. Grote, *Die Geldlehre*, Leipzig, 1865.

[23a] R. F. Harrod, *The Life of John Maynard Keynes*, London, 1951.（ロイ・ハロッド『ケインズ伝』全2巻、塩野谷九十九訳、東洋経済新報社）

[24] F. A. Hayek, *Prices and Production*, Routledge, London, 1931.（邦訳は、ハイエク『価格と生産』ハイエク全集Ⅰ－1、古賀勝次郎他訳、春秋社）

[25] F. A. Hayek, *Monetary Theory and the Trade Cycle* [1929], Jonathan Cape, London, 1933.（邦訳は、ハイエク『貨幣理論と景気循環』ハイエク全集Ⅰ-1、古賀勝次郎他訳、春秋社）

[26] F. A. Hayek, 'Über "Neutrales Geld"', *Zeitschrift für Nationalökonomie*, 4/5, 1933.

[27] F. A. Hayek, *Monetary Nationalism and International Stability*, The Graduate School of International Studies, Geneva, 1937.（邦訳は、ハイエク「通貨国家主義と国際的安定性」ハイエク全集Ⅱ－2『貨幣論集』所収、池田幸弘訳、春秋社）

[28] F. A. Hayek, *The Road to Serfdom*, Routledge, London and Chicago, 1944.（邦訳は、フリードリヒ・ハイエク『隷従への道』村井章子訳、日経BPクラシックス）

[29] F. A. Hayek, *The Constitution of Liberty*, Routledge & Kegan Paul, London and Chicago, 1960.（邦訳は、ハイエク『自由の条件』ハイエク全集1－5、6、7、気賀健三他訳、春秋社）

[30] F. A. Hayek, *Studies in Philosophy, Politics and Economics*, Routledge & Kegan Paul, London and Chicago, 1967.

[31] F. A. Hayek, *Choice in Currency*, Occasional Paper 48, Institute of Economic Affairs, London, 1976.（邦訳は、ハイエク「通貨の選択」ハイエク全集Ⅱ－2『貨幣論集』所収、春秋社）

[31a] F. A. Hayek, *Law, Legislation and Liberty*, Routledge & Kegan Paul and the University of Chicago Press, London and Chicago, vol. I, 1973, vol. II, 1976, vol. III forthcoming.（邦訳は、ハイエク『法と立法と自由』1・2、ハイエク全集1－8、1－9、矢島鈞次他訳、春秋社）

[31b] Karl Helfferich, 'Die geschichtliche Entwicklung der Münzsysteme', *Jahrbücher für Nationalökonomie*, 3.f. IX (LXIV), 1895.

[32] Marianne von Herzfeld, 'Die Geschichte als Funktion der Geldwertbewegungen', *Archiv für Sozialwissenschaft und Sozialpolitik*, 56/3, 1926.

[33] J. R. Hicks, 'A Suggestion for Simplifying the Theory of Money', *Economica*, February 1935.（邦訳は、ジョン・ヒックス『貨幣理論』所収、江沢太一他訳、東洋経済新報社）
[34] W. S. Jevons, *Money and the Mechanism of Exchange*, Kegan Paul, London, 1875.
[34a] H. G. Johnson, *Essays in Monetary Economics* [1967], Second Edition, London, 1969.
[34b] H. G. Johnson, *Further Essays in Monetary Economics*, London, 1972.
[34c] H. G.Johnson and A. K. Swoboda (eds.), *The Economics of Common Currencies*, London, 1973.
[34d] Robert A. Jones, 'The Origin and Development of Media of Exchange', *Journal of Political Economy*, LXXXIV, 1:976.
[35] Benjamin Klein, 'The Competitive Supply of Money', *Journal of Money, Credit and Banking*, VI, November 1975.
[35a] Benjamin Klein, 'Competing Moneys: Comment', *Journal of Money, Credit and Banking*, 1975.
[36] G. F. Knapp, *The State Theory of Money* [1905], Macmillan, London, 1924.
[37] Axel Leijonhufvud, *On Keynesian Economics and the Economics of Keynes*, Oxford University Press, New York and London, 1968.（邦訳は、アクセル・レイヨンフーヴッド『ケインジアンの経済学とケインズの経済学』根岸隆監訳、東洋経済新報社）
[37a] Wilhelm Lexis, 'Bermerkungen über Paralellgeld und Sortengeld', *Jahrbücher für Nationalökonomie*, 3.f.IX (LXIV), 1895.
[37b] Thelma Liesner & Mervyn A. King (eds.), *Indexing for Inflation*, London, 1975.
[37c] R. G. Lipsey, 'Does Money Always Depreciate?', *Lloyds Bank Review*, 58, October 1960.
[38] S. J. Loyd (later Lord Overstone), *Further Reflections on the State of the Currency and the Action of the Bank of England*, London, 1837.
[39] Fritz Machlup, 'Euro-Dollar Creation: A Mystery Story', *Banca Nazionale del Lavoro Quarterly Review*, 94, 1970, reprinted Princeton, December 1970.
[40] R. I. McKinnon, 'Optimum Currency Areas', *American Economic Review*, 53/4, 1963.
[41] F. A. Mann, *The Legal Aspects of Money*, 3rd Edition, Oxford University Press, London, 1971.

[42] Arthur W. Marget, *The Theory of Prices*, 2 vols., PrenticeHall, New York and London, 1938 and 1942.
[42a] A. James Meigs, *Money Matters*, Harper & Row, New York, 1972.
[43] Carl Menger, *Principles of Economics* [1871], The Free Press, Glencoe, Ill., 1950.（邦訳は、カール・メンガー『国民経済学原理』安井琢磨他訳、日本経済評論社）
[43a] Carl Menger, 'Geld' [1892], *Collected Works of Carl Menger*, ed. by the London School of Economics, London, 1934.
[44] Henry Meulen, *Free Banking*, 2nd Edition, Macmillan, London, 1934.
[44a] Fritz W. Meyer and Alfred Schuller, *Spontane Ordnungen in der Geldwirtschaft und das Inflationsprohlem*, Tübingen, 1976.
[45] Ludwig von Mises, *The Theory of Money and Credit* [1912], New Edition, Jonathan Cape, London, 1952.
[46] Ludwig von Mises, *Geldwertstahilisierung und Konjunkturpolitik*, Jena, 1928.
[47] Ludwig von Mises, *Human Action*, William Hodge, Edinburgh, 1949; Henry Regnery, Chicago, 1966.（邦訳は、ルードヴィヒ・フォン・ミーゼス『ヒューマン・アクション』村田稔雄訳、春秋社）
[47a] E. Victor Morgan, *A History of Money* [1965], Penguin Books, Hardmondsworth, Rev. Edition, 1969.
[48] Robert A. Mundell, 'The International Equilibrium', *Kyklos*, 14, 196I.
[49] Robert A. Mundell, 'A Theory of Optimum Currency Areas', *American Economic Review*, 5I September 1963.
[49a] W. T. Newlyn, 'The Supply of Money and Its Content', *Economic Journal*, LXXIV, 1964.
[50] Arthur Nussbaum, *Money in the Law, National and International*, Foundation Press, Brooklyn, 1950.
[50a] Karl Olivecrona, *The Problem of the Monetary Unit*, Stockholm, 19S7.
[50b] Franz Pick and René Sédillot, *All the Moneys of the World. A Chronicle of Currency Values*, Pick Publishing Corporation, New York, 197I.
[50c] Henri Pirenne, *La civilisation occidentale au Moyen Âge du Milieu du XVe siecle*, Paris, 1933.
[51] H. Rittershausen, *Der Neubau des deutschen Kredit-Systems*, Berlin, 1932.
[51a] Herbert Rittmann, *Deutsche Geldgeschichte 1484-1914*, Munich, 1974.
[52] Murray N. Rothbard, *What has Government Done to Our Money?*, New Rev. Edition, Rampart College

Publications, Santa Anna, Calif., 1974.
[53] Gasparo Scaruffi, *L'Alitinonfo per far ragione e concordandanza d'oro e d'argento*, Reggio, 1582.
[53a] W. A. Shaw, *The History of Currency 1252-1894*, London, 1894.
[54] Adam Smith, *An Inquiry into the Nature and Causes of the Wealth of Nations* [1776], Glasgow edition, Oxford University Press, London, 1976.（邦訳は、アダム・スミス『国富論』山岡洋一訳、日本経済新聞社）
[55] Vera C. Smith, *Rationale of Central Banking*, P. S. King, London, 1936.
[56] Werner Sombart, *Der moderne Kapitalismus*, vol. II, 2nd Edition, Munich and Leipzig, 1916/17.（邦訳は、ヴェルナー・ゾンバルト『近世資本主義』岡崎次郎訳、生活社）
[57] Herbert Spencer, *Social Statics* [1850], Abridged and Rev. Edition:, Williams & Norgate, London, 1902.
[58] Wolfgang Stützel, *Über unsere Währungsverfassung*, Tübingen, 1975.
[58a] Brian Summers, 'Private Coinage in America', *The Freeman*, July 1976.
[58b] Earl A. Thompson, 'The Theory of Money and Income Consistent with Orthodox Value Theory', in P. A. Samuelson and G. Horwich (eds.), *Trade, Stability and Macro-economics. Essays in Honor of Lloyd Metzler*, Academic Press, New York and London, 1974.
[59] Gordon Tullock, 'Paper Money-A Cycle in Cathay', *Economic History Review*, IX/3, 1956.
[60] Gordon Tullock, 'Competing Moneys', *Money Credit and Banking*, 1976.
[61] Roland Vaubel, 'Plans for a European Parallel Currency and SDR Reform', *Weltwirtschaftliches Archiv*, 110/2, 1974.
[61a] Roland Vaubel, 'Freier Wettbewerb zwischen Wahrungen', *Wirtschaftsdienst*, August 1976.
[62] Willem Vissering, *On Chinese Currency. Coin and Paper Money*, Leiden, 1877.
[63] Knut Wicksell, *Geldzins und Güterpreise*, Jena, 1898.（邦訳は、ウィクセル『利子と物価』（北野熊喜男他、日本経済評論社）
[64] Knut Wicksell, *Vorlesungen über Nationalökonomie* [1922],English Edition, *Lectures on Political Economy*, vol. II: Money,Routledge, 1935.（邦訳は、ウィクセル『経済学講義　I』橋本比登志訳、日本経済評論社）
[64a] Leland B. Yeager, 'Essential Properties of the Medium of Exchange', *Kyklos*, 2 I, 1968.

著者略歴

フリードリヒ・ハイエク（Friedrich Hayek）一八九九～一九九二。オーストリア・ハンガリー帝国の首都ウィーン生まれの経済学者、哲学者。ウィーン大学で法学と政治学の博士号を取得。ルートヴィヒ・フォン・ミーゼスらの流れを汲むオーストリア学派の一員として、ケインズ、オスカー・ランゲらと論争を展開した。一九三一年にロンドン・スクール・オブ・エコノミクス（LSE）教授。一九四四年刊行の『隷従への道』は英米でベストセラーに。一九五〇年シカゴ大学教授。一九六二年からフライブルク大学教授。一九七四年ノーベル経済学賞受賞。主な著作に『貨幣理論と景気循環』、『自由の条件』、『法と立法と自由』など。

訳者略歴

村井章子（むらい・あきこ）翻訳家。上智大学文学部卒業。主な訳書にハイエク『隷従への道』、スミス『道徳感情論』（共訳）、フリードマン『資本主義と自由』、ガルブレイス『大暴落1929』（以上、日経BPクラシックス）、ファーガソン『キッシンジャー 1923-1968 理想主義者 I・II』、レビンソン『コンテナ物語』、ティロール『良き社会のための経済学』（日本経済新聞出版社）他。

貨幣発行自由化論　改訂版
競争通貨の理論と実行に関する分析

二〇二〇年四月二七日　第一版第一刷発行

著　者　フリードリヒ・ハイエク
訳　者　村井章子
発行者　村上広樹
発　行　日経BP
発　売　日経BPマーケティング
〒一〇五－八三〇八
東京都港区虎ノ門四－三－一二
https://www.nikkeibp.co.jp/books
装丁・造本設計　祖父江慎＋志間かれん（cozfish）
製　作　キャップス
印刷・製本　中央精版印刷株式会社

ISBN978-4-8222-8884-6

本書籍に関するお問い合わせ、ご連絡は左記にて承ります。
https://nkbp.jp/booksQA

『日経ＢＰクラシックス』発刊にあたって

グローバル化、金融危機、新興国の台頭など、今日の世界にはこれまで通用してきた標準的な認識を揺がす出来事が次々と起っている。しかしそもそもそうした認識はなぜ標準として確立したのか、その源流を辿れば、それは古典に行き着く。古典自体は当時の新しい認識の結晶である。著者は新しい時代が生んだ新たな問題を先鋭に捉え、その問題の解決法を模索して古典を誕生させた。解決法が発見できたかどうかは重要ではない。重要なのは彼らの問題の捉え方が卓抜であったために、それに続く伝統が生まれたことである。

世界が変革に直面し、わが国の知的風土が衰亡の危機にある今、古典のもつ発見の精神は　われわれにとりますます大切である。もはや標準とされてきた認識をマニュアルによって学ぶだけでは変革についていけない。ハウツーものは「思考の枠組み（パラダイム）」の転換によってすぐ時代遅れになる。自ら問題を捉え、自ら解決を模索する者。答えを暗記するのではなく、答えを自分の頭で捻り出す者。古典は彼らに貴重なヒントを与えるだろう。新たな問題と格闘した精神の軌跡に触れることこそが、現在、真に求められているのである。

一般教養としての古典ではなく、現実の問題に直面し、その解決を求めるための武器としての古典。それを提供することが本シリーズの目的である。原文に忠実であろうとするあまり、心に迫るものがない無国籍の文体。過去の権威にすがり、何十年にもわたり改められることのなかった翻訳。それをわれわれは一掃しようと考える。著者の精神が直接訴えかけてくる瞬間を読者がページに感じ取られたとしたら、それはわれわれにとり無上の喜びである。